調べてみよう
都道府県の特産品

駅弁 編

この本では47都道府県を代表する駅弁《えきべん》を紹介《しょうかい》しています。駅弁には主に地域《ちいき》でとれたものが使われており、駅弁を知ることで農産物や海産物、食料生産や土地利用について学ぶことができます。また駅弁のメニューが郷土《きょうど》料理として定着した例もあるなど、地域の食文化と駅弁には深いかかわりがあります。現在《げんざい》、交通事情《じじょう》の変化で駅弁は減少傾向《げんしょうけいこう》にありますが、本書を通し、地域の駅弁文化と弁当にかける人々の思いを知っていただけたら幸いです。

※なお、生産量など本文中に登場するデータは2016年調べの情報です。

理論社

もくじ

\ Let's Go! /

※駅弁《えきべん》の販売《はんばい》駅がいくつかあるものについては、主要な駅を記載《きさい》しています。線路名についても主要な線を記載しています。販売場所・調製元《ちょうせいもと》は変更《へんこう》になる可能性があります。また平成28年12月現在、四国での駅弁販売は3県のみ（香川県・愛媛県・高知県）となっており、本書では徳島県の掲載《けいさい》はありません。

いかめし
元祖森名物
シウマイ
平成10年4月5日 明石海峡大橋開通記念
ひっぱりだこ飯

名物駅弁《えきべん》ものがたり

静岡県《しずおかけん》
JR東海道本線《ジェイアールとうかいどうほんせん》 静岡《しずおか》駅

元祖鯛《がんそたい》めし

甘《あま》くてふわふわ

醤油《しょうゆ》でたいたこうばしいごはんに、ふわふわにしたたいそぼろをたっぷりのせた「鯛《たい》めし」。ほんのり甘《あま》く、かみしめるほどにうま味が広がる。たくあん付き

明治30年から
販売《はんばい》

長寿駅弁《ちょうじゅえきべん》の「鯛《たい》めし」が生まれたのはぐうぜんからでした。静岡《しずおか》が大火におそわれたとき、弁当《べんとう》店に見舞《みま》いの甘《あま》だいが届《とど》けられます。しかし身がやわらかくて弁当にできず、煮《に》くずれたたいを家で食べることに。そこへ見舞い客がやってきました。連れの子どもにたいそぼろをのせたごはんを出すと、大喜び。そこで「駅弁にしよう」と思い立ったそうです。発売と同時に大当たりし、今も子どもから大人まで愛されています。

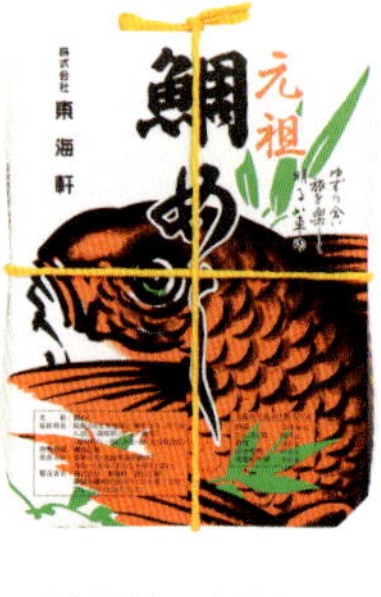

（東海軒《とうかいけん》／静岡《しずおか》市）

※そぼろは魚介《ぎょかい》や肉を細かくほぐしたもの

神奈川県《かながわけん》

JR東海道本線《ジェイアールとうかいどうほんせん》 大船駅《おおふな》

大船軒《おおふなけん》 サンドウィッチ

味わい深い「鎌倉《かまくら》ハム」とチーズをはさんだシンプルなサンドウィッチ。駅弁《えきべん》はもちろん、中身のハム（現《げん》「鎌倉ハム富岡《とみおか》商会」のハム）も鎌倉みやげとして人気

明治32年から
販売《はんばい》

西洋文化が次々と入ってきた明治時代に「大船軒《おおふなけん》」は駅弁《えきべん》で初めてサンドウィッチを発売します。それまで高級な洋食店でしか食べられなかったサンドウィッチが駅弁で楽しめるといううわさはすぐに広まり、大ブームを起こします。初めは海外から取りよせたハムを使っていましたが、あまりの売れ行きに間に合わず、自家製《じかせい》ハムをつくるように。イギリス仕込《しこ》みの本格的なハム自体も話題になり、今も地元名物となっています。

（大船軒《おおふなけん》／鎌倉《かまくら》市）

あなごめし

広島県《ひろしまけん》

JR山陽本線《ジェイアールさんようほんせん》 宮島口《みやじまぐち》駅

脂《あぶら》ののった穴子《あなご》は蒸《む》さずに直焼き。うま味のある甘辛《あまから》いたれをからめ、穴子ごはんにのせている。昔の駅弁《えきべん》の包み紙を復刻《ふっこく》したかけ紙が数種あるのもおもしろい

明治34年から販売《はんばい》

宮島口《みやじまぐち》駅周辺では昔、近海でたくさんとれた穴子《あなご》を焼き、白いごはんにのせた穴子どんぶりを漁師《りょうし》料理として食べていました。それを白めしではなく、穴子のアラと醤油《しょうゆ》をたき込《こ》んだコクのあるごはんに改良。こうばしい焼き穴子をのせて駅弁《えきべん》として販売したのが「あなごめし」の始まりです。経木《きょうぎ》の箱に包まれたごはんは時間とともに程《ほど》よく水分がぬけ、穴子のうま味をごはんが吸《す》うため、冷めてもおいしいのが特徴《とくちょう》です。

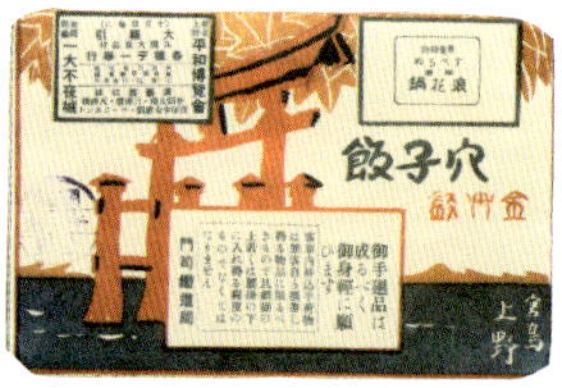

（あなごめし うえの／廿日市市《はつかいち》）

※アラは魚の骨《ほね》や頭など身以外の部分。経木とは食品などを包む薄《うす》い木の板

小《こ》鯵《あじ》押《おし》寿司《ずし》

神奈川県《かながわけん》

JR《ジェイアール》東海道本線《とうかいどうほんせん》 小田原駅《おだわら》

真あじを使った押《お》しずしは、関西のものより少しやわらかめ。しょうがの甘酢《あまず》づけと、梅干《うめぼ》しやじゃこ入りの「梅ちりごはん」のしそ巻《ま》きずしも2カン入っている

明治36年から
販売《はんばい》

明治二十一年に東海道本線で初めて駅弁《えきべん》を販売《はんばい》した「東華軒《とうかけん》」が、創業《そうぎょう》から十五年目をむかえるにあたり、「相模湾《さがみわん》の海の幸を使って名物駅弁をつくりたい」とアイディアをひねります。そこで選ばれたのが「小あじ」です。当時、小田原《おだわら》でよく水あげされたあじはよく太って脂《あぶら》がたっぷり。それを塩でしめて酢《す》につけ、関西風の押《お》しずしに仕上げました。日持ちがするので、小田原みやげとしても人気を集めています。

（東華軒《とうかけん》／小田原《おだわら》市）

ますのすし

富山県《とやまけん》

JR北陸新幹線《ジェイアールほくりくしんかんせん》 富山《とやま》駅

丸い木のわっぱ(曲《ま》げ物)にササの葉をしき、酢《す》めしと脂《あぶら》ののったますをつめてふたをし、上から重石《おもし》をして押《お》しずしに。ケーキのように放射状《ほうしゃじょう》に切って食べる

明治45年から
販売《はんばい》

かつて神通川《じんづうかわ》にたくさんのぼってきたさくらますを使った「ますずし」は、八代将軍徳川吉宗《しょうぐんとくがわよしむね》公に献上《けんじょう》した際《さい》に大絶賛《だいぜっさん》された歴史ある料理です。明治三十二年に現在《げんざい》の富山《とやま》駅が開業し、その数年後に駅弁《えきべん》の「ますのすし」が誕生《たんじょう》。しゃれた洋館の駅舎《えきしゃ》や蒸気《じょうき》機関車を見に多くの人が集まると、駅弁は富山名物として全国に広まりました。現在、富山のますずしといったらこの駅弁をさすほど地域《ちいき》に深く根付いています。

(源《みなもと》／富山《とやま》市)

稲荷寿し《いなりずし》

愛知県《あいちけん》

JR《ジェイアール》東海道本線《とうかいどうほんせん》 豊橋駅《とよはし》

こってり甘口《あまくち》の
おいなりさん

醤油《しょうゆ》に白ザラメ（砂糖《さとう》）をたっぷり加えた煮汁《にじる》で油あげを濃《こ》いめに味付けし、酢《す》めしをつめた。昔は多かった「稲荷寿《いなりず》し」の駅弁だが現在まで続くものはまれ

明治末ごろから
販売《はんばい》

明治時代、「壺屋《つぼや》」は豊川《とよかわ》を船で往来《おうらい》する旅人を相手に料理旅館を営《いとな》んでいました。その後、駅が開業すると、駅前に移転《いてん》し「豊川稲《いな》荷《り》」にちなんだ「稲荷寿《ず》し」の駅弁《えきべん》を売り始めました。材料には豊橋《とよはし》市内でつくられた油あげを使用。今も昔も、一つ一つ手作業でていねいに調理しています。濃《こ》いあめ色の煮汁《にじる》がごはんにしみた「稲荷寿し」は、昔の味を今に伝える豊橋駅の名物として長く旅行者に愛されています。

（壺屋弁当部《つぼやべんとうぶ》／豊橋市《とよはし》）

駅《えき》弁《べん》ってなんだろう

明治18年ごろ

駅《えき》弁《べん》の誕《たん》生《じょう》

さまざまな説がありますが、明治十八年に日本鉄道(現《げん》ＪＲ《ジェイアール》東北本線《とうほくほんせん》)が宇都宮《うつのみや》まで開通したとき、旅館の白木屋《しろきや》が宇都宮駅で販売《はんばい》したのが最初の駅弁といわれます。梅干《うめぼ》しのおにぎりにたくあんをそえたものでした。

明治～大正時代

駅《えき》弁《べん》の発《はっ》展《てん》

明治時代に鉄道が開通すると各地で駅弁販売《はんばい》がスタート。明治二十二年には「幕《まく》の内弁当《うちべんとう》」が登場するなど現《げん》在《ざい》の形に近くなります。大正時代には鉄道が広がり販売駅も増加《ぞうか》。このころから衛生《えいせい》管理が厳《きび》しくなります。

ずっと守り続けたい日本の駅弁《えきべん》文化

駅弁が初めて登場したのは百年以上も前。明治五年に日本初の鉄道が開通し、明治二十二年に東海道本線が完成するまでの間に、各地で次々と駅弁販売《はんばい》が始まりました。今とはちがい、当時の鉄道旅行はとても時間がかかるもの。たとえば東京駅から神戸駅までの所要時間は約二十時間！ そこで車内で食べられる駅弁が必要となったのです。最初に登場したのは、かんたんなおにぎり弁当《べんとう》。そこから豪華《ごうか》な「幕《まく》の内《うち》弁当」(ごはんとおかずをつめたもの。分類上は「普通《ふつう》弁当」という)、地域《ちいき》色を生かした「特殊《とくしゅ》弁当」(あじの押《お》しずしや牛めしなど特定素材《そざい》の弁当)へと駅弁はどんどん進化しました。

昭和63年に誕生《たんじょう》した駅弁《えきべん》マーク(左)。地域《ちいき》の食を守る、災害《さいがい》時(たき出し)に協力するなど「日本鉄道構内営業《こうないえいぎょう》中央会」が認《みと》めた駅弁店だけが使える安心・安全マーク

Q 駅弁《えきべん》マークって？

国鉄《こくてつ》時代は「国鉄構内営業《こうないえいぎょう》中央会」の会員しか駅弁を販《はん》売《ばい》できませんでした(私鉄《してつ》を除《のぞ》く)。ＪＲ《ジェイアール》の民営化《みんえいか》で自由化されましたが、駅弁文化を守るために「日本鉄道構内営業中央会」がつくられ、会が認《みと》めた弁当《べんとう》店だけが駅弁マークを表示《ひょうじ》しています。中央会の駅弁店は災害《さいがい》時にたき出しに協力するなどの決まりがあり、多方面から駅弁を盛《も》り上げています。

※国鉄とは日本国有鉄道の略。昭和62年まで運営、その後民営化

昭和時代

駅《えき》弁《べん》ブーム

戦中・戦後すぐは食材がなく、駅弁の販売《はんばい》は難《むずか》しくなりました。世の中が落ち着き、高度経済《けいざい》成長期に入ると、旅行が大ブームに。土地の食材を使った駅弁が人気を集めます。四百以上の業者が駅弁を販売し、昭和二十八年には初の駅弁大会が開かれます。

昭和後期〜現在《げんざい》

衰《すい》退《たい》と多様化

新幹線《しんかんせん》の開通など鉄道のスピード化が加速。停車する駅の数・時間が減《へ》って駅弁《えきべん》が買いにくくなりました。高速道路が整備《せいび》されて鉄道利用が減ったことも駅弁の衰退につながっています。現在《げんざい》、駅弁業者は生き残りを図り、多様な駅弁を開発しています。

昭和三十年代にレジャーブームが訪《おとず》れると、駅弁はさらに発展《はってん》していきます。地元の素材《そざい》や郷土《きょうど》料理を生かした駅弁がいくつも生まれ、「ご当地名物」と呼《よ》ばれる駅弁も登場。当時は、峠越《とうげご》えをする前の機関車の連結作業中など、長い停車時間を利用して駅弁を買う人がたくさんいました。弁当箱をいっぱいに入れた木箱を首からつるし、「べんとう〜」と声をかけてホームで売り歩く「立ち売り」の人と、列車の乗客が窓《まど》越《ご》しでやりとりする姿《すがた》があちこちで見られ、駅弁は黄金時代をむかえます。

現代《げんだい》になると交通事情《じじょう》が変わり、駅弁販売店は減少《げんしょう》に転じます。しかし今も続く販売店のうち七割《わり》は百年を超《こ》す老舗《しにせ》で、地元の味を伝える努力を続けています。土地の食材を使い、地域《ちいき》の風土や鉄道史と深いつながりを持つ駅弁は、これからも守り続けたい大切な日本の食文化といえるでしょう。

Q 駅弁《えきべん》の日って?

日本初《はつ》の駅弁は明治十八年七月十六日に宇都宮《うつのみや》駅で販売《はんばい》されたという説が有名です(諸説《しょせつ》あります)が、夏は弁当《べんとう》がいたみやすいため、レジャーシーズンである四月十日が「駅弁の日」に選ばれました。駅弁にもっと親しんでもらえるよう、駅弁の日には東京駅など大きな駅でイベントが行なわれています。ちなみに七月十六日は「駅弁記念日」になっています。

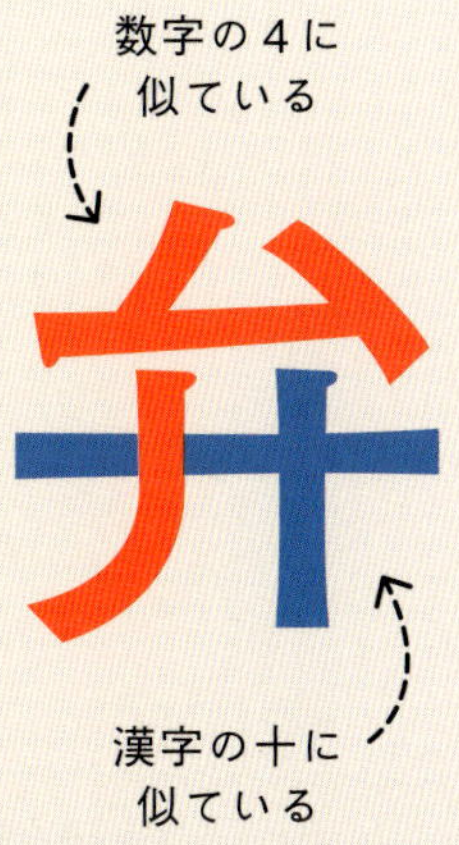

弁当《べんとう》の「弁」の字が４と十の組み合わせでできていて、「当」はとう（＝十）になることから４月10日が「駅弁の日」になった。記念日は平成５年に定められた

駅弁《えきべん》歴史年表

- 1872（明治5）年　東京都新橋《しんばし》駅〜神奈川県横浜《よこはま》駅に日本初の鉄道が開通
- 1885（明治18）年　栃木県宇都宮《うつのみや》駅で初めての駅弁《えきべん》が発売に（白木屋《しろきや》）
  群馬県横川《よこかわ》駅で駅弁販売《はんばい》開始（荻野屋《おぎのや》）※現役《げんえき》でいちばん古い駅弁店
- 1888（明治21）年　神奈川県国府津《こうづ》駅で、東海道線の駅弁第1号が発売に（東華軒《とうかけん》）
- 1889（明治22）年　兵庫県姫路《ひめじ》駅で幕《まく》の内《うち》風の駅弁販売開始（まねき食品）
  滋賀県米原《まいばら》駅で駅弁販売《はんばい》開始（井筒屋《いづつや》）
  静岡県静岡《しずおか》駅で駅売りのお茶、「汽車土瓶《どびん》」第1号販売（加藤弁当店《かとうべんとう》※現在の東海軒《とうかいけん》）
- 1890（明治23）年　大阪府大阪《おおさか》駅で駅弁販売開始（水了軒《すいりょうけん》）
- 1891（明治24）年　京都府京都《きょうと》駅で駅弁販売開始（京都萩乃家）
- 1897（明治30）年　静岡県静岡《しずおか》駅で「元祖鯛《がんそたい》めし」の販売開始（加藤弁当店※現在の東海軒）
- 1905（明治38）年　兵庫県生瀬《なませ》駅で駅弁販売開始（淡路屋《あわじや》）
- 1913（大正2）年　佐賀県鳥栖《とす》駅で日本初のとりめし駅弁「かしわめし」販売開始（中央軒《ちゅうおうけん》）
- 1921（大正10）年　鉄道省が駅売り茶の容器《ようき》をガラス製《せい》に変更《へんこう》通達（翌年《よくねん》にとりやめ）
- 1927（昭和2）年　駅弁売りの装束《しょうぞく》が半てんから背広《せびろ》（洋服）に

変わりゆく現代の駅弁《えきべん》

車内での食事から旅のおみやげに

鉄道のスピード化で乗車時間が短くなり、車内で食事する機会は減少《げんしょう》。駅弁《えきべん》を買う目的も「乗車中の食事」から「旅のおみやげ」へ変化しました。駅弁はもともと、旅館などその土地の食を支《ささ》える人がつくり始めたもの。地の味や旬《しゅん》の食材を盛《も》り込《こ》んだ駅弁は、地域《ちいき》を代表する人気のおみやげになっています。

絵葉書や、土地の料理がわかるようお品書き（献立《こんだて》）がそえられた弁当《べんとう》も

- 1941（昭和16）年　北海道森《もり》駅で「いかめし」販売開始（いかめし阿部《あべ》商店）
- 1944（昭和19）年　戦争中、米の節約のため混米《こんまい》弁当（野菜などを米に混ぜたもの）や鉄道パンを販売
- 1946（昭和21）年　国鉄構内営業《こうないえいぎょう》中央会発足
- 1953（昭和28）年　日本初の駅弁大会開催《かいさい》（大阪・髙島屋《たかしまや》）
- 1954（昭和29）年　神奈川県横浜《よこはま》駅で「シウマイ弁当」販売開始（崎陽軒《きようけん》）

このころ地域色《ちいきしょく》を生かした駅弁《えきべん》がたくさん登場！

- 1958（昭和33）年　群馬県横川《よこかわ》駅で「峠《とうげ》の釜《かま》めし」販売開始（荻野屋）
- 1964（昭和39）年　日本初の新幹線「東海道新幹線」が開業。東京オリンピックが開かれる
- 1968（昭和43）年　「明治百年記念」レッテル（ラベル）発行（松浦《まつうら》商店）
- 1969（昭和44）年　それまで続いていた駅弁価格《かかく》の上限枠《じょうげんわく》がなくなる
- 1972（昭和47）年　兵庫県神戸《こうべ》駅などで「しゃぶしゃぶ弁当」販売開始（淡路屋）
- 1985（昭和60）年　山梨県小淵沢《こぶちざわ》駅でテレビ番組タイアップ駅弁「元気甲斐《げんきかい》」販売開始（丸政《まるまさ》）
- 1987（昭和62）年　東海道新幹線の各駅で「新幹線グルメ」販売開始
  初めての加熱式弁当「あっちっちすきやき弁当」販売開始（淡路屋）
- 1988（昭和63）年　「駅弁マーク」を商標登録（日本鉄道構内営業中央会）
- 1993（平成5）年　四月十日を「駅弁の日」に制定《せいてい》（日本鉄道構内営業中央会）
- 2015（平成27）年　駅弁誕生《たんじょう》百三十年

世界が注目する駅弁《えきべん》

ごはんとおかずをつめた弁当《べんとう》を車内で楽しむ「駅弁」は、実は日本独自《どくじ》の食文化です。和食がユネスコ無形文化遺産《いさん》に登録されてから、駅弁にも世界の注目が集まるようになりました。「幕《まく》の内《うち》弁当《べんとう》」の日本人ならではの色彩《しきさい》感覚や、手間ひまかけたおかず、衛生《えいせい》管理などが世界をおどろかせています。

さまざまな場所で買えるように

ホームでの立ち売り販売《はんばい》は、窓《まど》の開かない特急が増《ふ》え、今や国内に数か所のみに。さらに車内、駅構内《こうない》での販売《はんばい》と、駅弁《えきべん》売《う》り場は時代とともに変わりました。また東京都の京王《けいおう》百貨店が始めた「元祖《がんそ》有名駅弁と全国うまいもの大会」など、駅弁イベントがさかんに。全国からたくさんのファンが集まります。

昔のかけ紙を見てみよう

かけ紙は「時代の証人《しょうにん》」

駅弁《えきべん》の名前が書かれた弁《べん》当《とう》の包み紙(またはラベル)を「かけ紙」といいます。昔は絵を描《か》き、版木《はんぎ》をほって印刷する木版刷り《もくはんずり》(版画《はんが》)でした。明治時代後半ごろから石版《せきはん》印刷が使われ、カラフルなものに変わっていきます。かけ紙は個性豊《ゆた》かで見ているだけでもおもしろく、収集家《しゅうしゅうか》も少なくありません。また、かけ紙には広告としての役割もありました。昔のかけ紙を見ると、当時の世の中の雰《ふん》囲《い》気《き》をかいま見ることができます。戦中のものには「欲《ほ》しがりません勝つまでは」の標語が印刷されました。また万博マークや観光案内が駅弁をかざった時代も。かけ紙は時代を反映《はんえい》する生き証人なのです。

当時の国鉄のキャンペーン

「一枚《いちまい》のキップから」「いい日旅立ち」など、国鉄が個人《こじん》旅行客を増《ふ》やすために行ったキャンペーンのロゴ

旅を楽しむための標語が

「ゆずる心とゆずらる心 隣組《となりぐみ》だよ汽車の旅」「乗り降《お》りに先《ま》ず戦傷《せんしょう》の勇士から」などゆずり合いにも時代が反映《はんえい》

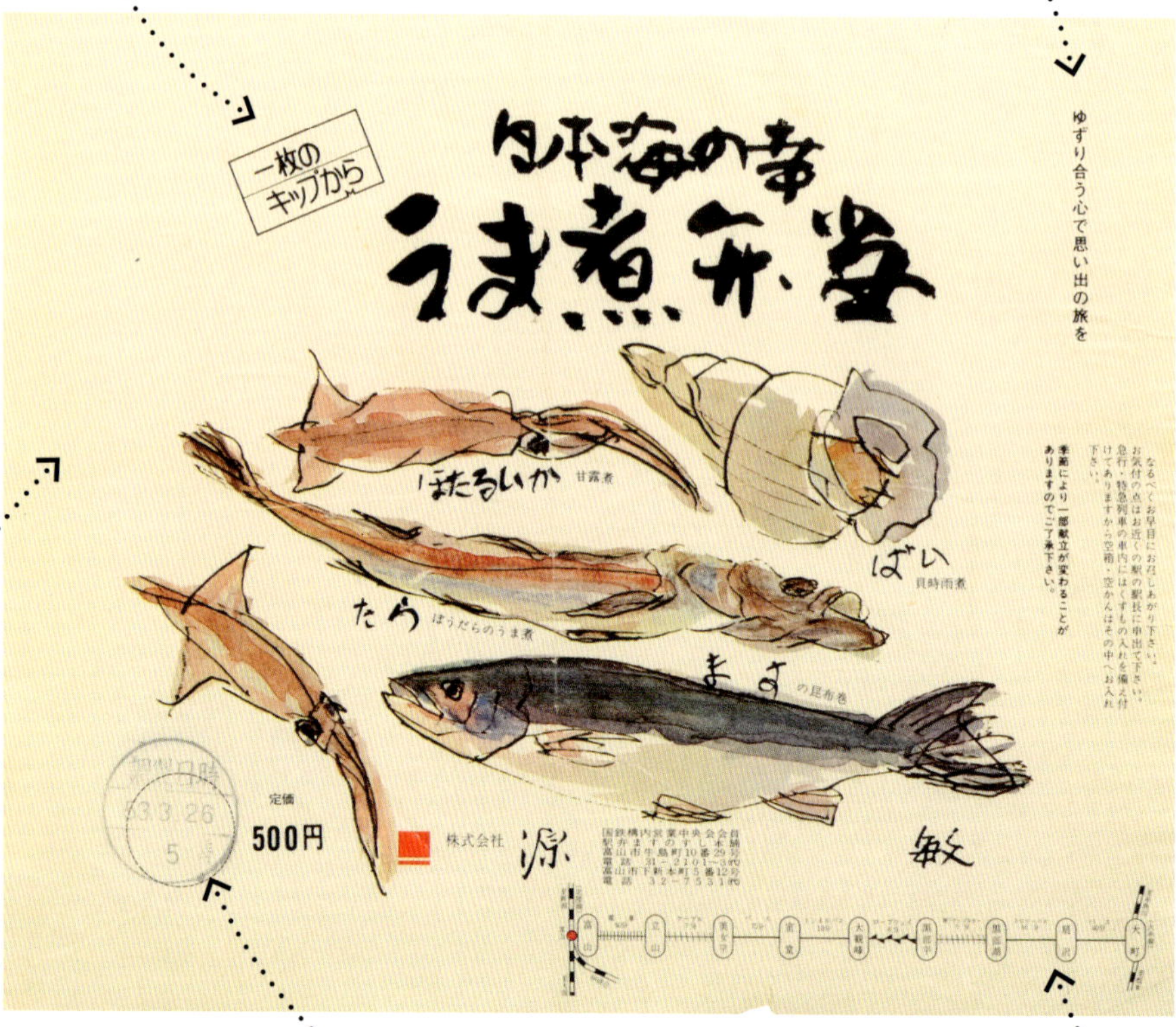

源《みなもと》(富山県)の「日本海の幸 うま煮弁当《にべんとう》」のかけ紙/昭和53年

手書きの文字や絵

現在《げんざい》は、弁当《べんとう》の中身を写《うつ》した写真のかけ紙や箱が多いが、昔は雰囲気《ふんいき》のある手書きの絵や文字が主流だった

つくった日時を入れるように

昭和22年、すべての食品に製造《せいぞう》年月日の表示《ひょうじ》が義務《ぎむ》付けられるようになったが、駅弁《えきべん》は昭和初期に表示をスタート

近くの名所への交通案内

駅弁を買った駅から、どこかへ向かう旅行客のために、乗り換《か》え案内や周辺の名所案内が記されていることも

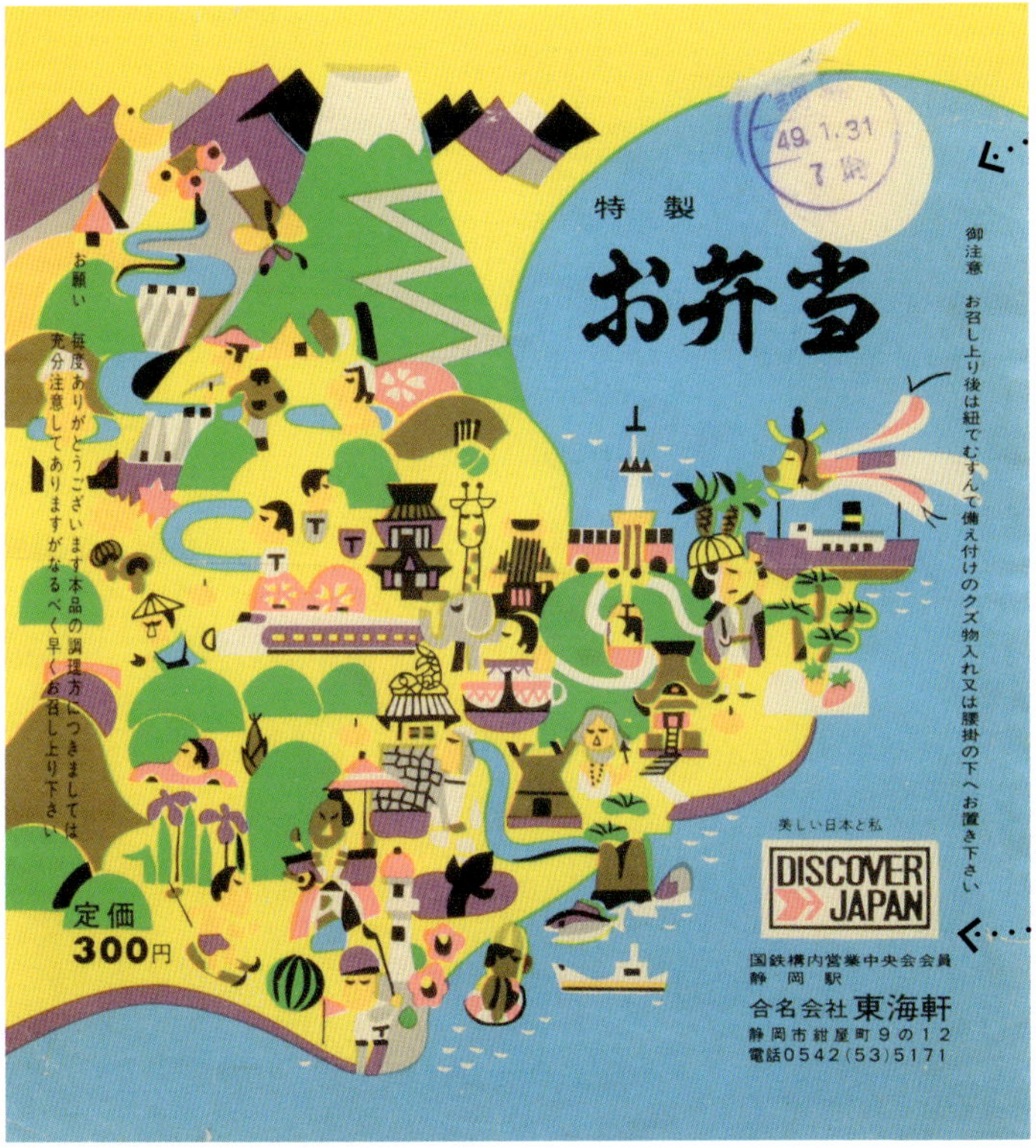

名所が書き込《こ》まれた絵柄《えがら》

富士山《ふじさん》に三保松原《みほのまつばら》の天女、駿府城《すんぷじょう》など静岡の名所が描《えが》かれている。かけ紙が観光案内の役割も担《にな》っていた

「DISCOVER JAPAN《ディスカバー ジャパン》」のロゴ

レジャー熱に火をつけた、昭和45年からの国鉄のキャンペーン。副題は川端康成《かわばたやすなり》にちなむ「美しい日本と私」

東海軒《とうかいけん》（静岡県）の「お弁当《べんとう》」のかけ紙／昭和49年

駅弁《えきべん》マナーが記されている

いちばん多いのは「窓《まど》から空き箱を投げないで、腰掛《こしかけ》の下に置くか持ち帰って」。昔はゴミ箱がなかった!?

その土地の食材を使用

「山の幸にて風味豊《ゆた》かに調整致《いた》してあります」と群馬の旅情《りょじょう》を感じさせるメッセージ。中身への期待が高まる！

荻野屋《おぎのや》（群馬県）の「峠《とうげ》の釜《かま》めし」のかけ紙／昭和49年

かけ紙所蔵／沼本忠次

約70年以上！

日本全国 ロングセラー駅弁《えきべん》マップ

● 駅弁が生まれた年

東海道本線には
ロングセラー駅弁《えきべん》が
たくさん！

東海道本線の開業は明治5年、新橋《しんばし》〜横浜《よこはま》間。その後、神戸《こうべ》駅まで全通したのは明治22年。この沿線《えんせん》では当時から続く歴史ある駅弁が多く、地《ち》域《いき》の名物として長く愛されている

駅とともに歴史を重ねてきた名物駅弁《えきべん》

　ここでは何十年と愛され続けている、代表的なロングセラー駅弁《えきべん》を紹介《しょうかい》しています。ほとんどは駅の開業とともに歴史を重ねてきた弁当《べんとう》店がつくっており、鉄道の歴史と駅弁は切りはなせない関係にあるといえます。日本初の鉄道である東海道線には、百年を越《こ》える老舗《しにせ》の駅弁販売《はんばい》店がいくつも存在《そんざい》します。また、九州初の鉄道が明治二十二年に開通し、それと同時に開業した鳥栖《とす》駅の駅弁店の「かしわめし」は、日本初のかしわ（とりめし）弁当といわれています。どれも「その駅の名物をつくりたい」と土地の素材《そざい》を生かした傑作《けっさく》ぞろい。北海道の森駅が「いかめしの駅」と呼ばれるなど、駅弁が地域《ちいき》を代表する名物になるケースも。駅弁を目的に全国を旅するファンは少なくありません。

それぞれの地域《ちいき》で駅弁《えきべん》の色がある

駅弁には地域性《せい》があり、各地方の傾向《けいこう》も出やすい。日本海は赤（かに、えび）、太平洋は青（さば、あじ）、山間部は茶（山菜、肉）の駅弁が多いといわれる

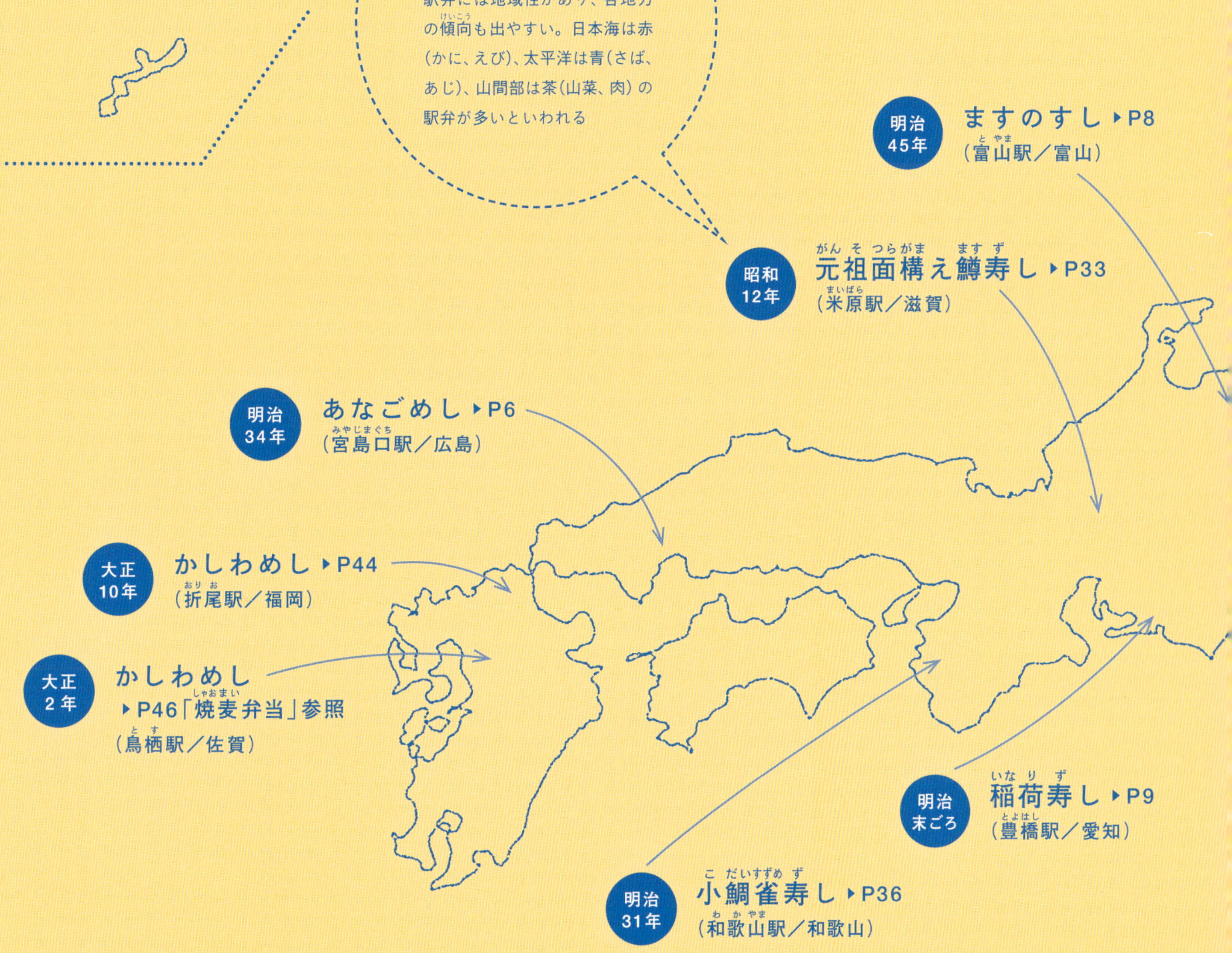

※駅名は現在《げんざい》のものをのせています（開業時は駅名が今と異《こと》なるところがあります）

北海道《ほっかいどう》
いかめし

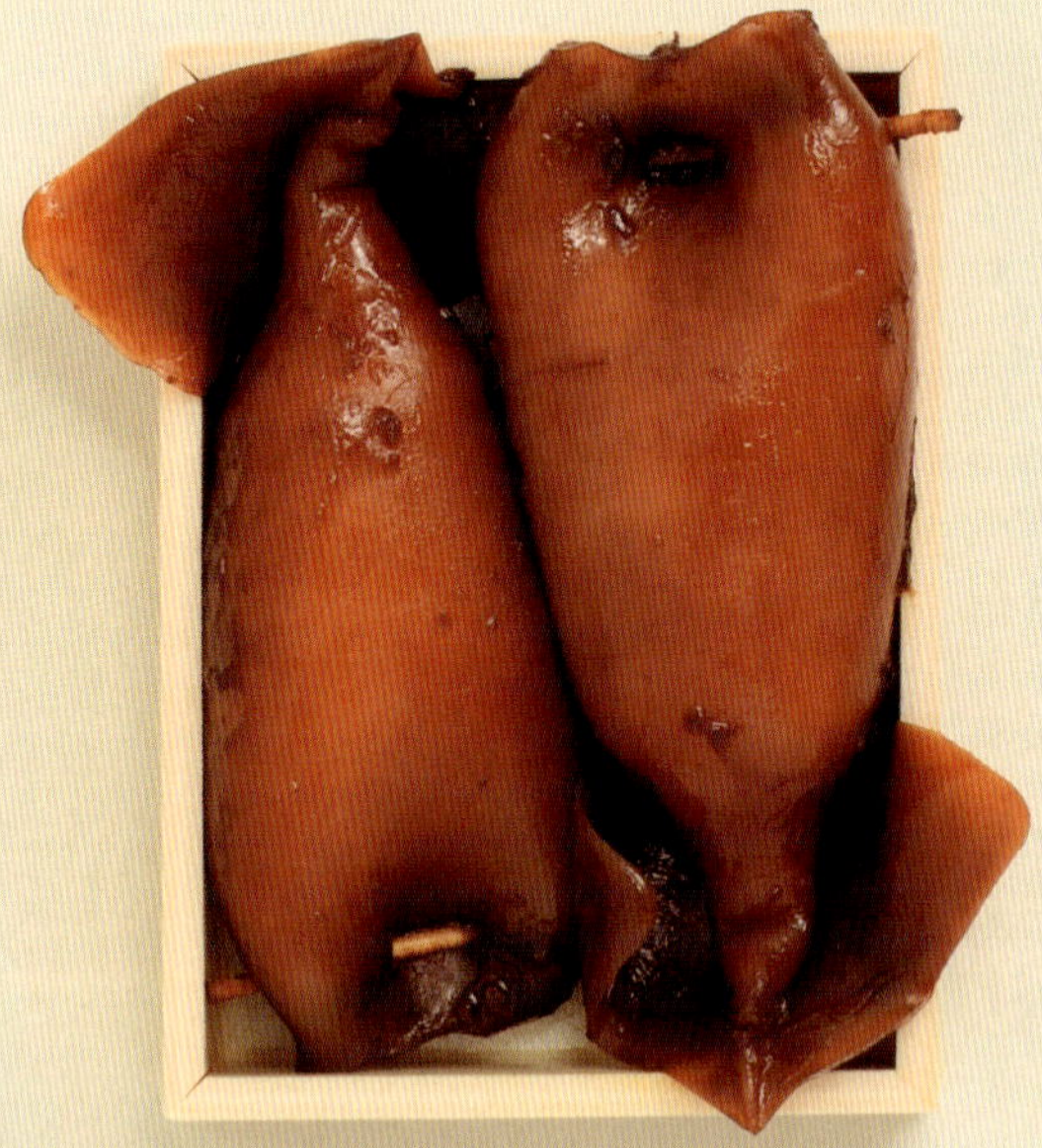

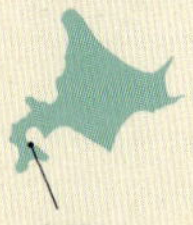

するめいかの胴《どう》に、うるち米ともち米をつめてゆで、秘伝《ひでん》のたれで煮《に》ふくめたもの。ごはんにいかのうま味とたれがしみ込《こ》んでいる。小さくても腹持《はらも》ちがいい

函館《はこだて》本線森《もり》駅の名物駅弁《えきべん》である「いかめし」が生まれたのは、第二次世界大戦中のことです。配給制《はいきゅうせい》の少ない米を使って、戦争に行く若者《わかもの》たちにおなかいっぱい食べさせてあげたいという思いから「いかめし阿部《あべ》商店」の創業者《そうぎょうしゃ》が生み出しました。いかめしは、森町に面する内浦湾《うちうらわん》で当時たくさん水あげされていた小ぶりなするめいかに、米をつめて甘辛《あまから》くたいた料理。今では函館地方の郷土《きょうど》の味として広く愛されています。

販売《はんばい》／JR《ジェイアール》函館本線《はこだてほんせん》 森《もり》駅
（いかめし阿部《あべ》商店／森町）

青森県《あおもりけん》

むつ湾《わん》産 帆《ほ》立《たて》釜《かま》めし

青森県でもっとも古い老舗《しにせ》弁当店のロングセラー駅弁《えきべん》。醤油《しょうゆ》だれで煮《に》たほたて貝やとびこなど海の幸に加え、姫竹《ひめたけ》など青森らしい山の幸が茶めしの上にのる

ふたを開けると、小さなベビーほたてがぎっしり！昭和四十三年から根強く愛される駅弁《えきべん》の主役は、青森県の中央にある陸奥湾《むつわん》で養殖《ようしょく》されたほたて貝です。北海道に次ぐ全国二位の水あげをほこる青森県。ほたて貝のほとんどは陸奥湾産で、湾内で自然に生まれた稚貝《ちがい》を育てた貝柱は、甘味《あまみ》とうま味がたっぷり。プリプリと歯ごたえのあるほたて貝と、プチプチしたとびこ（とびうおの卵《たまご》）の食感も楽しい、北国の駅弁です。

※稚貝とは小さな貝の赤ちゃん

販売《はんばい》／JR《ジェイアール》奥羽本線《おううほんせん》 青森《あおもり》駅
（ウェルネス伯養軒《はくようけん》
青森支店《あおもりしてん》／青森《あおもり》市）

岩手県《いわてけん》

いちご弁当《べんとう》

ぼろぼろのそぼろ状に煮《に》たうにと、やわらかく蒸《む》したあわびを、あわびの煮汁《にじる》でたいたごはんにのせたもの。岩手の海がまるかじりできる、上品な磯《いそ》の風味の駅弁《えきべん》

「いちご煮《に》」とはフルーツのいちごではなく、うにとあわびをすまし汁《じる》で煮た、三《さん》陸《りく》海岸地域《ちいき》の郷土《きょうど》料理のこと。乳白色《にゅうはくしょく》の汁《しる》にしずんだうにが「きりの中にかすむ野いちご」のように見えたことから名付けられました。かつては漁師《りょうし》料理だったという郷土の味を、宮古《みやこ》駅のすぐ近くに店をかまえるろばた焼きと郷土料理の店が駅弁《えきべん》にアレンジ。弁当《べんとう》用にうにの汁気をとばしながら煮て、ごはんの上いっぱいにしきつめました。

販売《はんばい》／JR《ジェイアール》山田線《やまだせん》 宮古《みやこ》駅
（魚元《うおもと》／宮古《みやこ》市）

※東日本大震災《だいしんさい》により宮古駅は復興整備《ふっこうせいび》中。現在駅弁は「魚元」で販売《はんばい》中。要予約

秋田県《あきたけん》 鶏《とり》めし 弁当《べんとう》

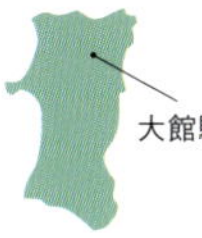

「鶏《とり》めし」の駅としても有名な大館《おおだて》駅で昭和二十二年から販売《はんばい》。秘伝《ひでん》のスープでたいたごはんに、まかないで食べていたとり肉の甘辛煮《あまからに》をのせた弁当《べんとう》は、戦後まもない時代、少ない物資《ぶっし》でおいしい弁当をつくろうと工夫し、完成させたものです。

※まかないとは飲食店ではたらく人の食事

米どころの秋田県の米をスープでたき、冷めてもおいしいごはんに。ぽろぽろにした卵《たまご》のそぼろや、あげたかまぼこなども入って、いろどりも味もよい

販売《はんばい》／ JR《ジェイアール》奥羽本線《おううほんせん》 大館《おおだて》駅
（花善《はなぜん》／大館《おおだて》市）

宮城県《みやぎけん》 網《あみ》焼き 牛たん 弁当《べんとう》

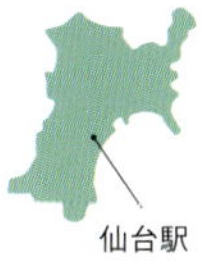

牛たんとは牛の舌《した》のことで、洋食では何時間も煮込《にこ》んでシチューにします。薄《うす》切《ぎ》りのたんを塩焼きにする「牛たん焼き」を発明したのは仙台《せんだい》の焼きとり店です。戦後の復興《ふっこう》期に生まれ、全国に広まった名物の味を駅《えき》弁《べん》でも楽しめます。

宮城県産の米を使った麦めしに、一枚一枚ていねいに焼いた牛たんをのせた。ひもを引くとほかほかにあたたまる容器《ようき》で、焼きたてのおいしさがよみがえる

販売《はんばい》／ JR《ジェイアール》東北本線《とうほくほんせん》 仙台《せんだい》駅
（こばやし／仙台《せんだい》市）

山形県《やまがたけん》
牛肉どまん中《なか》

山形新幹線《しんかんせん》の開業に合わせて開発された牛めし弁当《べんとう》です。名前の由来となっている「どまんなか」は冷めてもおいしい山形県産の米。地元の醤油《しょうゆ》でつくった甘辛《あまから》だれで牛丼《ぎゅうどん》風に煮込《にこ》んだ、国産牛肉の薄切《うすぎ》りとそぼろがのっています。

「新杵屋《しんきねや》」は大正10年に菓子《かし》店として創業《そうぎょう》、昭和32年より駅弁《えきべん》を販売《はんばい》。菓子店時代からの砂糖《さとう》醤油《じょうゆ》のたれを改良したごはんのすすむ味付けが牛肉にぴったり

販売《はんばい》／JR《ジェイアール》奥羽本線《おううほんせん》 米沢《よねざわ》駅
（新杵屋《しんきねや》／米沢《よねざわ》市）

福島県《ふくしまけん》
海苔《のり》のりべん

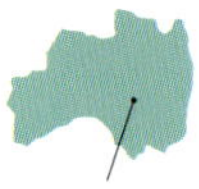

東北の海で育ったかおり豊《ゆた》かな「みちのく寒流のり」と、郡山《こおりやま》市のブランド米「あさか舞《まい》」をふっくらたいたごはんでつくった、人気ののり弁《べん》。のりは二段《にだん》重ねで、一段目には昆布《こんぶ》のつくだ煮《に》、二段目はおかか。ごはんがすすむ組み合わせです。

大きなだし巻《ま》き卵《たまご》と焼いたさけ、えびいもの煮物《にもの》にきんぴらごぼうなど、おかずは正統派《せいとうは》の和食。豊《ゆた》かなのりの風味と和のそうざいは、ほっとする日本の味

販売《はんばい》／JR《ジェイアール》東北本線《とうほくほんせん》 郡山《こおりやま》駅
（福豆屋《ふくまめや》／郡山《こおりやま》市）

栃木県《とちぎけん》

日光《にっこう》鱒《ます》寿《ず》し

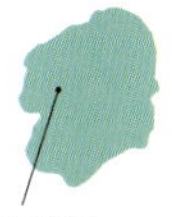

清流の流れる栃木県には川魚を使った料理を好む食文化があります。「日光《にっこう》鱒《ます》寿《ず》し」はさけの仲間である川魚のますを、塩と酢《す》でしめ、日光名産の生ゆばをはさんだ酢めしと合わせたもの。青々としたクマザサと竹皮で包んだ風情《ふぜい》ある駅弁《えきべん》です。

※日光で「湯波」、京都で「湯葉」と書くゆばは精進《しょうじん》料理が根付く地域《ちいき》の名産品

酢《す》めしに入れた生ゆばは、大豆が原料の精進《しょうじん》料理（仏教《ぶっきょう》にもとづく料理）に欠かせない食材。まろやかな味で、脂《あぶら》ののったますと酢《す》めしに程《ほど》よく調和する

販売《はんばい》／東武日光線《とうぶにっこうせん》 東武日光駅《とうぶにっこう》
（日光鱒鮨本舗《にっこうますずしほんぽ》／日光市《にっこう》）

茨城県《いばらきけん》

水戸《みと》印籠弁当《いんろうべんとう》

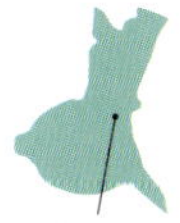

「水戸黄門《みとこうもん》」の名で親しまれる江戸《えど》時代の藩主《はんしゅ》・徳川光圀《とくがわみつくに》公は名君として人気の高かったお殿《との》様。黄門様の持つ印籠《いんろう》を重箱に仕立てた駅弁《えきべん》には、青梅の甘露煮《かんろに》（甘《あま》く煮《に》たもの）など、梅の名所でも知られる水戸らしい梅のおかずが入っています。

※印籠は昔の武士《ぶし》が使った携帯《けいたい》用の入れ物。三つ葉葵《あおい》は徳川家の家紋

弁当《べんとう》箱のモデルは「三つ葉葵《あおい》」の紋《もん》が描《か》かれた印籠《いんろう》。2段《だん》重ねの重箱で下段は茨城県産米と特製《とくせい》だしのたき込《こ》みごはん。上段（写真下）はぶたしゃぶの梅あえなど

販売《はんばい》／JR《ジェイアール》常磐線《じょうばんせん》 水戸《みと》駅
（お弁当《べんとう》の万年屋《まんねんや》／大洗町《おおあらい》）

群《ぐん》馬《ま》県《けん》
峠《とうげ》の釜《かま》めし

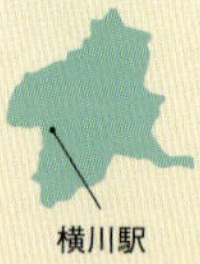

昆布《こんぶ》だしでたいたごはんの上に秘伝《ひでん》のたれで煮《に》ふくめたとり肉やしいたけ、たけのこなど山の幸がぎっしり。栗《くり》の甘露煮《かんろに》と甘《あま》ずっぱいあんずがアクセントに

現存《げんぞん》する最古の駅弁《えきべん》店の「おぎのや」で、全国的に有名な「峠《とうげ》の釜《かま》めし」が生まれたのは昭和三十三年のこと。どんな駅弁が食べたいか駅のホームで旅行客にたずねたところ「あたたかくて楽しいお弁当《べんとう》が食べたい」という声が多く上がったのが弁当のアイディアに。保《ほ》温性《おんせい》の高い陶器《とうき》の釜にできたてほかほかのごはんをつめて出し、駅弁初の釜めしが誕生《たんじょう》しました。釜は持ち帰って、家で一人分のごはんをたくこともできます。

販売《はんばい》／JR《ジェイアール》信越本線《しんえつほんせん》 横川《よこかわ》駅
（峠《とうげ》の釜《かま》めし本舗《ほんぽ》 おぎのや／安中《あんなか》市）

埼玉県《さいたまけん》

秩父《ちちぶ》釜《かま》めし

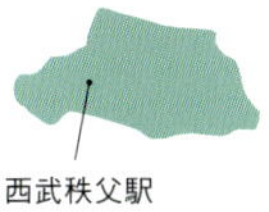

長らく埼玉県で唯一《ゆいいつ》の駅《えき》弁《べん》として愛されてきた「秩父《ちちぶ》釜《かま》めし」。鎌倉《かまくら》時代から続く「秩父札所《ふだしょ》めぐり」など秩父観光の玄関《げんかん》口・西武《せいぶ》秩父駅の駅弁です。自然豊《ゆた》かな秩父産のこんにゃくを煮《に》たおかずなど、かざり気のないおいしさが魅力《みりょく》。

※現在は大宮駅などでも数種類の駅弁が販売されています

秩父《ちちぶ》産のごぼうや山菜に、こんにゃくなど、山の恵《めぐ》みをたっぷりのせた釜《かま》めしで、だしと醤油《しょうゆ》でたいたごはんも味わい深い。陶器《とうき》の入れ物は再利用《さいりよう》できる

販売《はんばい》／西武秩父線《せいぶちちぶせん》
西武秩父駅《せいぶちちぶ》
（まるなか／秩父《ちちぶ》市）

東京都《とうきょうと》

東京弁当《べんとう》

日本一電車の発着数が多く、たくさんの旅行者が利用する東京駅。「東京弁当《べんとう》」は明治から昭和時代に創業《そうぎょう》した、東京を代表する日本料理店の味がつまった駅弁《えきべん》です。一箱で四店の味が楽しめる東京駅限定《げんてい》の弁当として人気を集めています。

すき焼きの「浅草今半《あさくさいまはん》」、粕《かす》づけの「人形町《にんぎょうちょう》・魚久《うおきゅう》」など老舗《しにせ》の味が大集合。かけ紙は、大正3年に建てられ国の重要文化財《ぶんかざい》に指定された赤レンガづくりの駅舎《えきしゃ》

販売《はんばい》／JR東京《ジェイアールとうきょう》駅
（日本レストランエンタプライズ／港《みなと》区）

千葉県《ちばけん》

漁《あさ》り弁当《べんとう》

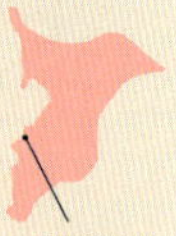

しょうがが入りの煮《に》あさりと、その貝のだし汁《じる》でたいたごはんは磯《いそ》の風味がいっぱい。おかずはいわしをはさんだれんこんの包みあげや、菜の花のおひたしなど

東京湾《とうきょうわん》でいちばん広い海岸を持ち、干潮《かんちょう》時には数百メートルもの干潟《ひがた》が広がる木更津《きさらづ》の海。潮干狩《しおひが》りの名所として知られていますが、ここでとれたあさりは「江戸前《えどまえ》」と呼《よ》ばれ、江戸時代から肉厚《にくあつ》で味がよいと評判《ひょうばん》を集めていました。郷土《きょうど》の味であるたき込《こ》みごはんの「あさり飯」をびっしりつめた「漁《あさ》り弁当《べんとう》」は、発売以来、木更津名物と呼ばれるように。ごはんの上にも、しょうがで煮《に》たあさりがたっぷりのっています。

販売《はんばい》／JR《ジェイアール》内房線《うちぼうせん》 木更津駅《きさらづ》
（万葉軒《まんようけん》／浦安市《うらやす》）

神奈川県《かながわけん》
シウマイ弁当《べんとう》

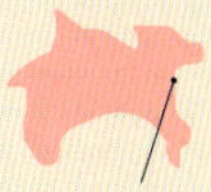

ぶた肉に干《ほ》し貝柱を加えることで冷めてもおいしいシウマイに。たわら形のごはんやたけのこの煮物《にもの》などずっと変わらぬ味。経木《きょうぎ》の容《よう》器《き》でごはんの味を保《たも》つ

横浜《よこはま》名物として名高い「シウマイ弁当《べんとう》」。横浜市内を中心に関東地域《ちいき》で売られる、日本でいちばん販売《はんばい》数の多い駅弁《えきべん》です。「崎陽軒《きようけん》」が当時の横浜駅（現《げん》桜木町《さくらぎちょう》駅）で駅売りを始めたのは明治四十一年から。その後、地元の横浜中華街《ちゅうかがい》で出されていたシウマイ（しゅうまい）に注目し「シウマイじい」の名を持つ料理名人の呉遇孫《ごぐうそん》さんにお願いして、冷めてもおいしいシウマイを開発。その妹分として昭和二十九年に弁当が誕生《たんじょう》しました。

販売《はんばい》／JR《ジェイアール》東海道本線《とうかいどうほんせん》 横浜《よこはま》駅
（崎陽軒《きようけん》／横浜《よこはま》市）

山梨県《やまなしけん》
元気甲斐《げんきかい》

2段《だん》重ねの経木《きょうぎ》の折箱《おりばこ》で、箱ごとに京都と東京の技《わざ》が味わえる。くるみごはんや栗《くり》おこわ、川魚のやまめや山菜、高原野菜のアスパラなど山梨らしさがいっぱい

「地方の駅弁《えきべん》店を元気にしよう！」というテレビ企画から生まれた駅弁で、甲斐《かい》の国(現《げん》山梨県)にちなみ「元気《げんき》甲斐《かい》」と名付けられました。京都と東京の料亭《りょうてい》が山梨らしさを意識して工夫をこらしたレシピで、発売日に三千五百人もの人が並《なら》ぶほど話題を集めました。駅弁店「丸政《まるまさ》」の料理人が料亭で修《しゅ》業《ぎょう》しなおすほど気合を入れてつくり、当時としてはめずらしい手の込《こ》んだ内容《ないよう》で大人気に。発売から三十年たった今も元気に販売中！

※折箱とは経木などでつくった弁当箱のこと

販売《はんばい》／JR《ジェイアール》中央本線《ちゅうおうほんせん》 小淵沢《こぶちざわ》駅
(丸政《まるまさ》／北杜《ほくと》市)

長《なが》野《の》県《けん》
月《つき》見《み》五《ご》味《もく》めし

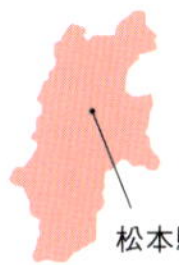

松本《まつもと》市民のほこり、国宝《こくほう》「松本城《じょう》」には見晴らしのいい月見やぐらがあります。かつての城主がそこで鳥獣《ちょうじゅう》の肉や山菜をおかずに月見のうたげをしたことにちなんでつくられた駅弁《えきべん》で、満月に見立てたゆで卵《たまご》が中央に置かれています。

※やぐらとは、防御《ぼうぎょ》や展望《てんぼう》のために城につくった建物

満月を思わせるゆで卵《たまご》のほか、わかさぎや、わらび・うどなど信《しん》州《しゅう》のかおりいっぱいの山菜を茶めしの上にしきつめた。箱には地元の名所が描《えが》かれている

販売《はんばい》／ JR《ジェイアール》篠《しの》ノ《の》井《い》線《せん》 松本《まつもと》駅
（イイダヤ軒《けん》／ 松本《まつもと》市）

富《と》山《やま》県《けん》
ぶりかまめし

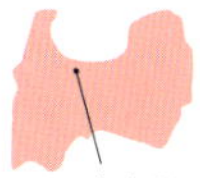

冷たい海水でしまった「氷見《ひみ》の寒《かん》ぶり」は県のブランド魚。しかし寒ぶりは弁《べん》当《とう》には大きいため、限《かぎ》りなく近い味のぶりを選び、カマの部分を二日間かけて骨《ほね》までやわらかく煮込《にこ》みました。広く人気を集める、富山県自慢《じまん》の冬の駅弁《えきべん》です。

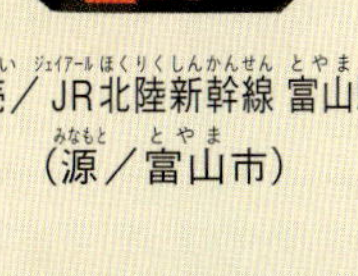

「ぶりかま」のカマは魚のほっぺたのこと。脂《あぶら》がのっていて身はしっとり。わさび酢《す》めし、わかめとも相性《あいしょう》がいい。富山名産の白えび入り。11～3月の限定販売《げんていはんばい》

販売《はんばい》／ JR《ジェイアール》北陸新幹線《ほくりくしんかんせん》 富山《とやま》駅
（源《みなもと》／富山《とやま》市）

新潟県《にいがたけん》

えび千両《せんりょう》ちらし

えびのおぼろを散らした卵《たまご》焼きの下には、佐渡島《さどがしま》産の塩いかの一夜干《ぼ》しなど4種のすしネタがかくれている。卵焼きはだしをきかせ、酢《す》めしはくるみ入り

卵《たまご》焼きの下には具がいっぱい

絵はがきが付いてるよ

ふたを開けると黄金をしきつめたように卵《たまご》焼きがズラリ。食べるうちに、うなぎやこはだなど卵の下から続々と具が登場します。宝《たから》探《さが》しのようなおどろきと楽しさに満ちた駅弁《えきべん》です。「地方では高価《こうか》な駅弁はあまり売れないが、手をかけておいしいものをつくりたい」という思いから生まれました。最初は一日十個《じっこ》の販売《はんばい》でしたが、味のよさが全国に広まり、今では千個以上出る日もあるほど、新潟県を代表する駅弁になりました。

※えびのおぼろは、えびをすり身にして加熱し、味付けしたもの

販売《はんばい》／JR《ジェイアール》信越本線《しんえつほんせん》 新潟《にいがた》駅
（新発田《しばた》三新軒《さんしんけん》／新潟《にいがた》市）

石川県《いしかわけん》

玉宝《ぎょくほう》

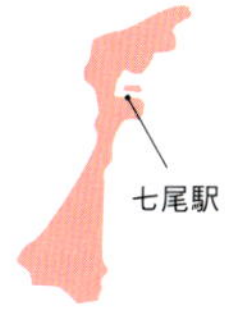

「松乃鮨《まつのすし》」の創業《そうぎょう》者は江戸《えど》(現《げん》東京都)でうでをふるったすし職人《しょくにん》。のりの代わりに薄焼《うすや》き玉子《たまご》でつくった巻《ま》きずしが話題を呼《よ》び十一代将軍徳川家斉《しょうぐんとくがわいえなり》にも献上《けんじょう》したそう。創業者が七尾《ななお》市に店を開いて以来、百五十年間、伝統《でんとう》の味を守っています。

販売《はんばい》/JR《ジェイアール》七尾線《ななおせん》 七尾《ななお》駅構外
※構内販売は平成28年6月まで
(松乃鮨《まつのすし》/七尾《ななお》市)

石川県産の米を酢《す》めしにし、具は昔ながらの方法でたいたかんぴょうや、でんぶ(ほぐした白身魚)。それらを職人《しょくにん》がていねいに焼いた薄《うす》焼き玉子《たまご》で巻いている

※平成29年現在《げんざい》、駅構外《こうがい》の百貨店で販売中(変更の可能性《かのうせい》あり)

福井県《ふくいけん》

荘兵衛《しょうべえ》さんの鯖街道《さばかいどう》焼《や》きさばずし

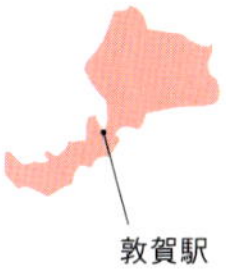

かつて敦賀湾《つるがわん》でとれた魚を塩でしめ、徒歩で京都まで運んでいたことから、近年になってその道を「鯖街《さばかい》道《どう》」と呼ぶように。歴史あるさばの食文化を守り、江戸《えど》初期から「荘兵衛《しょうべえ》」の名で塩の商いをしていた「塩荘《しおそう》」が駅弁《えきべん》に仕上げました。

脂《あぶら》ののった国産の真さばをまろやかな酢《す》でしめ、こうばしく焼いた。福井県が発祥《はっしょう》の地である「コシヒカリ」と「華越前《はなえちぜん》」の2種の米を合わせた酢めしも好評《こうひょう》

販売《はんばい》/JR《ジェイアール》北陸本線《ほくりくほんせん》 敦賀《つるが》駅
(塩荘《しおそう》/敦賀《つるが》市)

静岡県《しずおかけん》

港あじ鮨《ずし》

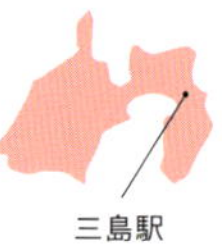

あじは沼津《ぬまづ》市の名産ですが、駅弁《えきべん》にはありませんでした。そこで明治創業《そうぎょう》の老舗《しにせ》が、沼津港のあじを使って新しい駅弁を開発。鮮度《せんど》のよさが出るよう、押《お》しずしではなくにぎりずし風に。伊豆天城《あまぎ》産生わさびを自分でおろすのもユニーク。

わさびのくきの塩づけを刻《きざ》んで酢《す》めしに混《ま》ぜ、わさびの葉で包んだ「にぎわい鯵鮨《あじずし》」や、あじを酢じめにした「ぬまづ鯵鮨」、「鯵わい太巻《ふとま》き」の3種の味が集合

販売《はんばい》／JR《ジェイアール》東海道本線《とうかいどうほんせん》
三島《みしま》駅
（桃中軒《とうちゅうけん》／沼津《ぬまづ》市）

愛知県《あいちけん》

抹茶《まっちゃ》ひつまぶし日本一弁当《べんとう》

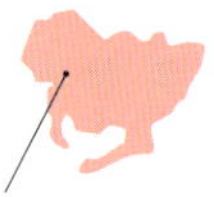

日本一ともいわれる一色《いっしき》町のうなぎに、生産量日本一の西尾《にしお》市の抹茶、日本最長の「守口《もりぐち》大根」をそえた、まさに日本一づくしの駅弁《えきべん》。うなぎは明治時代に名古屋《なごや》で生まれた「ひつまぶし」スタイルで、名物料理が弁当《べんとう》で気軽に味わえます。

「ひつまぶし」は、最初はたれでうなぎを食べ、次はのりやわさびをかけてさっぱりと、最後は湯でとかした抹茶《まっちゃ》を注いで茶づけにする、名古屋《なごや》流の食べ方

販売《はんばい》／JR《ジェイアール》東海道本線《とうかいどうほんせん》
名古屋《なごや》駅
（名古屋《なごや》だるま／名古屋《なごや》市）

岐阜県《ぎふけん》
飛《ひ》騨《だ》牛しぐれ寿《ず》司《し》

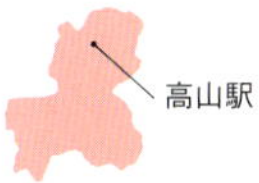

「和牛のオリンピック」といわれる大会で日本一にかがやいたこともある飛騨《ひだ》牛。きれいな「しも降《ふ》り」が特徴《とくちょう》です。駅弁《えきべん》でも楽しめるよう、やさしく火を入れたローストビーフと、甘辛《あまから》く味付けしたしぐれ煮の二種の和牛料理を合わせました。

※しも降りはしもが降ったように脂が入った上等な肉

ローストビーフは肉のうま味が生きるよう、わさび醤油《しょうゆ》でシンプルに味わう。牛の脂《あぶら》の甘味《あまみ》を引き立てる程《ほど》よい酸味《さんみ》の酢《す》めしは岐阜県産のコシヒカリを使用

販売《はんばい》／JR《ジェイアール》高山本線《たかやまほんせん》 高山駅《たかやま》
（金亀館《きんきかん》／高山《たかやま》市）

滋賀県《しがけん》
元祖《がんそ》面構《つらがま》え鱒寿《ますず》し

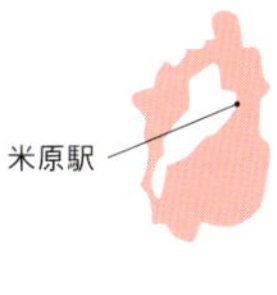

全国初のます養魚場がある滋賀県。東海道線の開通とともに駅弁《えきべん》の販売《はんばい》を始めた「井筒屋《いづつ》」が昭和十二年に発売した名物駅弁もますを使った押《お》しずしでした。発売当初の駅弁を復刻《ふっこく》した「元祖《がんそ》面構《つらがま》え鱒寿《ますず》し」は面《つら》（顔）のある「姿《すがた》ずし」です。

すしに使う魚は米原《まいばら》市で育てた新鮮《しんせん》なます。みずみずしく脂《あぶら》がのっている。ぴりりと辛《から》くさわやかなかおりの山椒《さんしょう》の実をちらし、味を引きしめている。要予約

販売《はんばい》／JR《ジェイアール》東海道本線《とうかいどうほんせん》 米原《まいばら》駅
（井筒屋《いづつや》／米原《まいばら》市）

三重《みえ》県《けん》

モー太郎弁当《べんとう》

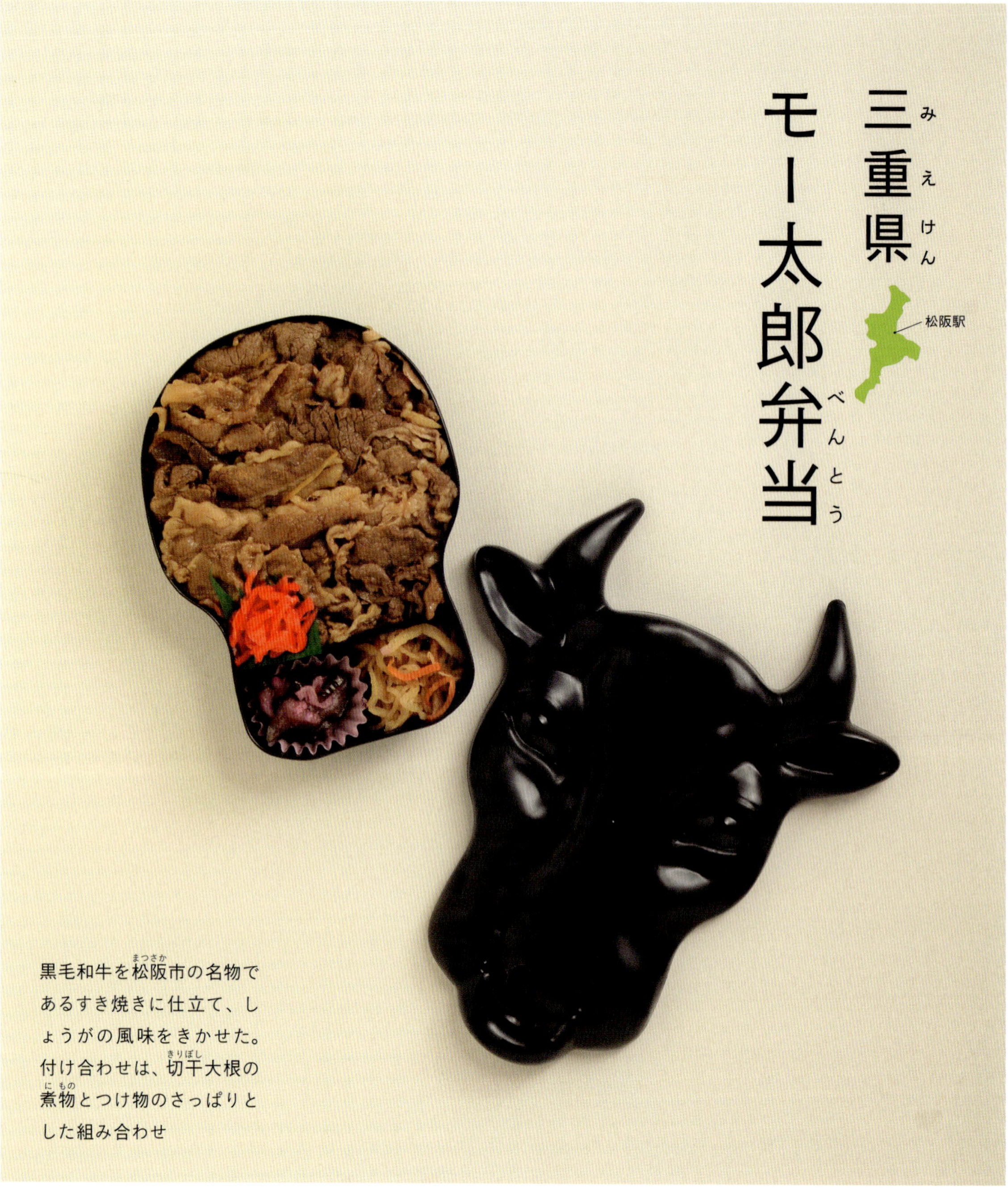

黒毛和牛を松阪《まつさか》市の名物であるすき焼きに仕立て、しょうがの風味をきかせた。付け合わせは、切干《きりぼし》大根の煮物《にもの》とつけ物のさっぱりとした組み合わせ

黒毛和牛をかたどった、リアルな顔のふたを開けると流れ出す童謡《どうよう》「ふるさと」。日本初の、メロディが鳴る駅弁《えきべん》「モー太郎弁当《べんとう》」は、おいしい牛肉に親しんでもらいたいという気持ちからつくられました。弁当箱いっぱいに入ったすき焼きには、松阪《まつさか》で育てた黒毛和牛をぜいたくに使っています。遊び心いっぱいの容器《ようき》に、食欲《しょくよく》をさそうかおり、冷めてもやわらかな食感など、目・耳・鼻・舌《した》、すべてで楽しめる人気の弁当です。

※黒毛和牛は日本独自《どくじ》の方法で育てた食用の真っ黒な牛

販売《はんばい》／JR《ジェイアール》紀勢本線《きせいほんせん》 松阪《まつさか》駅
（あら竹《たけ》商店／松阪《まつさか》市）

京都府《きょうとふ》
竹籠弁当《たけかごべんとう》

　ふろしきの包みを開けると、丸い竹かごの中に色とりどりのおかずや、たわら形のごはんが美しく盛《も》られた弁当《べんとう》が登場。おかずはさわらの西京焼《さいきょうや》き、よもぎ麩《ふ》、ふき煮《に》、高野豆腐《こうやどうふ》など。宮廷《きゅうてい》文化が花開いた、京都ならではの風流な駅弁《えきべん》です。

京都観光にも人気の駅弁《えきべん》。「京都萩乃家《はぎのや》」は明治24年から京都駅構内《こうない》で駅弁を販売していたが現《げん》在《ざい》店は構外《こうがい》に。予約が必要だが1個から駅に届《とど》けてくれる

販売《はんばい》／JR《ジェイアール》東海道本線《とうかいどうほんせん》 京都駅《きょうと》
（京都萩乃家《はぎのや》／京都市《きょうと》）

奈良県《ならけん》
柿《かき》の葉寿《ず》し ミックス

　しめさばをのせた酢《す》めしを柿《かき》の若葉《わかば》で包む「柿の葉ずし」。もとは熊野灘《くまのなだ》でとれたさばを運ぶとき、くさりにくくする効果《こうか》がある柿の葉で包んだのが始まりとされます。海から遠く魚も米も貴重《きちょう》だった吉野で、ごちそうとして愛されてきました。

脂《あぶら》ののったしめさばと、さけのすしが4カンずつ入った駅弁《えきべん》。柿《かき》の葉をむくと、葉のかおりがごはんに移《うつ》っていて食欲《しょくよく》をそそる。日持ちするのでおみやげに人気

販売《はんばい》／JR《ジェイアール》和歌山線《わかやません》 吉野口駅《よしのぐち》
（柳屋《やなぎや》／御所市《ごせ》）

大阪府《おおさかふ》
八角弁当《はっかくべんとう》

大阪で長く愛されてきた正統派《せいとうは》の「幕《まく》の内弁当《うちべんとう》」で、かつお節《ぶし》と昆布《こんぶ》でだしをとった関西風の上品な味付けが評判《ひょうばん》です。一度は姿《すがた》を消しますが、駅弁《えきべん》を愛する人の手で復活《ふっかつ》しました。煮物《にもの》や焼き物など手をかけた十七種のおかずが楽しめます。

弁当《べんとう》の形は京都府の八角堂《はっかくどう》(別名・阿弥陀堂《あみだどう》)がモデル。うに烏賊《いか》焼きや、だしをふくんだ高野豆腐《こうやどうふ》など、関西料亭風の大阪らしい上品なおかずが楽しめる

販売《はんばい》／JR《ジェイアール》東海道新幹線《とうかいどうしんかんせん》
新大阪駅《しんおおさか》
(水了軒《すいりょうけん》／大阪《おおさか》市)

和歌山県《わかやまけん》
小鯛雀《こだいすずめ》寿《ず》し

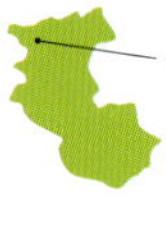

江戸《えど》期以前からの歴史を持つ「すずめずし」。紀淡海峡《きたんかいきょう》でとれる小だいの骨《ほね》を外し米をはさんでにぎった姿《すがた》が、尾《お》をぴんと立てたすずめに似《に》ていることから名付けられました。駅弁《えきべん》の「小《こ》鯛雀寿《だいすずめず》し」は「姿ずし」ではなく切り身になっています。

販売《はんばい》／JR《ジェイアール》紀勢本線《きせいほんせん》 和歌山《わかやま》駅
(和歌山水了軒《わかやまするいりょうけん》／和歌山《わかやま》市)

小だいを合わせ酢《ず》にからめてしめ、酢めしとともににぎった伝統《でんとう》的なすし。鮮度《せんど》のいい小だいを使うため、淡《あわ》く美しい桜《さくら》色の皮が目を楽しませてくれる

兵《ひょう》庫《ご》県《けん》

ひっぱりだこ飯

醤油《しょうゆ》めしには太くてりっぱなたこの足と煮穴子《にあなご》、たけのことかつお節《ぶし》をたいた土《と》佐煮《さに》がのる。上の具を食べた後、下のごはんの中からたこ天が出てくるしかけが

平成十年に開通した明石《あかし》海峡《かいきょう》大橋にちなんで生まれた駅弁《えきべん》で、おかずの主役は全国に名高い「明石だこ」。橋の下の海では、つぼの中にたこを呼《よ》び込《こ》んでつかまえる「たこつぼ漁」が行われており、駅弁の容器《ようき》はそのたこつぼをイメージしたものです。明石の海は潮《しお》の流れが速く、たこも足をふんばってがんばるので、足は太く短く、味わいたっぷり。たこは煮汁《にじる》の配合を工夫して、やわらかくなるよう仕上げています。

販売《はんばい》／JR《ジェイアール》山陽本線《さんようほんせん》 西明石《にしあかし》駅
（淡路屋《あわじや》／神戸《こうべ》市）

岡山県《おかやまけん》

桃太郎《ももたろう》の祭ずし

ごはんに具を混《ま》ぜると日持ちが悪くなるので、上にのせたちらしずし。岡山では祭りのごちそうとして欠かせないさわらやたい、ままかり、藻貝《もがい》、穴子《あなご》などがのる

かつて岡山藩《おかやまはん》では、ぜいたくをつつしむため食事は「一汁一菜《いちじゅういっさい》」にせよという命が下りました。でも祭りの日にそれでは味気ない……。そこで人々が思いついたのは、たくさんの具を小さく刻《きざ》んで酢《す》めしに混《ま》ぜたちらしずしを「一菜」としてしまう、したたかな発想です。ハレの日に欠かせないすしを、岡山県にゆかりのある桃太郎《ももたろう》をイメージしてつくったのがこの駅弁《えきべん》。ふたを開けると、桃からにぎやかな具が生まれてきます。

※一汁一菜は、汁物《しるもの》一つにおかず一つの食事

販売《はんばい》／JR《ジェイアール》山陽本線《さんようほんせん》 岡山《おかやま》駅
（三好野本店《みよしのほんてん》／岡山市《おかやま》）

鳥取県《とっとりけん》
元祖《がんそ》かに寿《ず》し

昭和二十七年に誕生《たんじょう》した日本初のかにの駅弁《えきべん》です。鳥取県はおいしいかにがとれる産地として全国的に有名です。工場から一時間以内の浜《はま》でとれるかにのみを新鮮《しんせん》なうちに加工。かにの甲羅《こうら》に似《に》せた八角形の弁当《べんとう》箱も日本初の試みです。

かにを新鮮《しんせん》なうちにゆでて甘《あま》ずっぱく味付け。鳥取県産の米をたいた酢《す》めしに、錦糸《きんし》卵《たまご》とかにの身をたっぷりのせた。塩昆布《こんぶ》と奈良《なら》づけ(うりのつけ物)も名わき役

販売《はんばい》/ JR《ジェイアール》山陰本線《さんいんほんせん》 鳥取《とっとり》駅
(アベ鳥取堂《とっとりどう》/鳥取《とっとり》市)

島根県《しまねけん》
島根牛みそ玉丼《どん》

島根県は良質《りょうしつ》な牛を産出することで知られています。この駅弁《えきべん》は島根育ちの牛肉を牛丼風にしたものですが、醤油《しょうゆ》ではなく味噌《みそ》で味付け。古くからの麹《こうじ》文化を持つ奥《おく》出雲《いずも》の木だるでねかせた天然醸造《じょうぞう》の味噌で、肉をやわらかく仕上げています。

牛肉の味噌煮《みそに》とごはん、卵《たまご》とつけ物のシンプルな弁当《べんとう》。最初は肉だけ食べ、とちゅうで半熟《はんじゅく》卵の黄身をからめると肉のコクが増《ま》して、味の変化が楽しめる

販売《はんばい》/ JR《ジェイアール》山陰本線《さんいんほんせん》 松江《まつえ》駅
(一文字家《いちもんじや》/松江《まつえ》市)

広島県《ひろしまけん》

しゃもじかきめし

日本有数の養殖《ようしょく》地である広島のかきを使ったかきめし、かきフライ、ゆず味噌《みそ》あえ、煮たかきに加え、じゃこ煮、広島菜づけなど広島の郷土《きょうど》料理も味わえる

東京オリンピックの開催《かいさい》、新幹線《しんかんせん》の開通など、昭和三十年代に国内旅行の大ブームが巻《ま》き起こりました。そんなおり、名産のかきに加え、もっと広島を旅行者に紹介《しょうかい》したいという思いから「しゃもじかきめし」は誕生《たんじょう》しました。人気観光地・宮島《みやじま》の特産品であるしゃもじ(別名・宮島)にちなんで、弁当箱《べんとうばこ》はしゃもじ形に決定。かきめしやフライなど四種の異なるかき料理がそろい、広島の魅力《みりょく》がぎゅっとつまっています。

販売《はんばい》／JR《ジェイアール》山陽本線《さんようほんせん》 広島《ひろしま》駅
(広島駅弁当《ひろしまえきべんとう》／広島《ひろしま》市)

山口県《やまぐちけん》

ふく寿《ず》司《し》

ふぐの酢《す》じめ、うにくらげ（うにの塩づけ）などの下関《しものせき》名物のほか、中華《ちゅうか》わかめやとびこを盛《も》ったちらしずし。山口では福にちなんでふぐを「ふく」と呼《よ》ぶ

ふぐの顔のかけ紙を開くと、酢《す》めしの上には高級食材のふぐがズラリ。三方を海に囲まれた山口県は水産資源《しげん》が豊富《ほうふ》で、特に下関《しものせき》市のふぐが有名です。昭和六十四年に誕生《たんじょう》したこの駅《えき》弁《べん》は、名物が味わえると人気でしたが、その後、県内の駅弁製造《せいぞう》が中止に。そこで「駅弁文化の火を絶《た》やしたくない」と広島県の駅弁店が立ち上がり、味を受けつぎました。材料に「しょうさいふぐ」を使い発売当時の味を大事に守っています。

販売《はんばい》／JR《ジェイアール》山陽本線《さんようほんせん》 下関駅《しものせき》

（広島駅弁当《ひろしまえきべんとう》／広島《ひろしま》県広島市）

香川県《かがわけん》 あなご飯

こうばしくいったそら豆を醤油《しょうゆ》だれにつけ込《こ》んだ「しょうゆ豆」や、大根の桜《さくら》づけなど、香川らしいおかずが入る。家庭的な味付けの筑《ちく》前煮《ぜんに》もそえられる

昭和三十五年に発売された瀬戸内《せとうち》を代表する駅弁《えきべん》で、やわらかく煮《に》た穴子《あなご》と、こうばしく焼いた穴子の二種類が味わえます。瀬戸内海《せとないかい》の穴子は全国的に有名で、地元でもよく食べられています。駅弁では、讃岐《さぬき》うどんにも使われるいりこと米をたいた味付きごはんに、はじまで無駄《むだ》なく食べられるよう、ひと口大に切った穴子と、細かく刻んだものをいっしょにのせました。穴子のたれとごはんの相性《あいしょう》もばっちり。

販売《はんばい》／JR《ジェイアール》予讃線《よさんせん》 高松《たかまつ》駅
（ステーションクリエイト東四国／高松市《たかまつし》）

※平成28年現在、徳島県では駅弁の販売がないため四国の紹介は3県分です

愛媛県《えひめけん》 醤油《しょうゆ》めし

古くから松山《まつやま》地方の家庭に伝わる「醤油《しょうゆ》めし」は、ごぼうや松山あげを米といっしょに濃口《こいくち》醤油でたき込《こ》んだ、お祝いの日に食べる料理。松山駅の開業とともに創業《そうぎょう》した「鈴木弁当店《すずきべんとうてん》」が、ほっとするおふくろの味をそのまま駅弁《えきべん》にしました。

※松山あげは、豆腐《とうふ》の水分をよくぬいてサクサクにあげた松山地方の油あげ

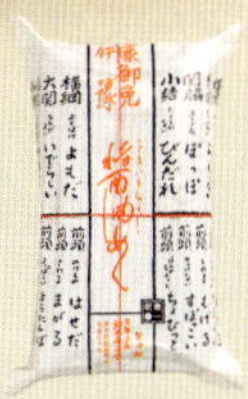

本来は日持ちしないたき込《こ》みごはんを駅弁《えきべん》にするために、具を工夫している。冷めてもおいしい、濃《こ》いめの味付け。松山の方言が印刷されたかけ紙も楽しい

販売《はんばい》／JR《ジェイアール》予讃線《よさんせん》 松山《まつやま》駅
（鈴木弁当店《すずきべんとうてん》／松前《まさき》町）

高知県《こうちけん》 かつおたたき弁当《べんとう》

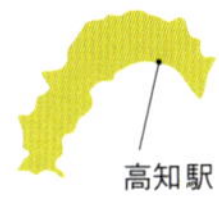

江戸《えど》時代、土佐《とさ》（現《げん》高知県）では生魚を食べることが禁じられていました。しかし、どうしても食べたくて表面を焼いてごまかしたのが「かつおのたたき」の始まりです。生魚を使ったためずらしい駅《えき》弁《べん》が生まれたのも、かつお好きの高知県ならでは。

かつおのたたきを売る直前まで冷蔵庫《れいぞうこ》に入れ、保冷剤《ほれいざい》とともに手わたしてくれるから、できたてそのもののおいしさ。ねぎやみょうがなど薬味もたっぷり！

販売《はんばい》／JR《ジェイアール》土讃線《どさんせん》 高知《こうち》駅
（安藤商店《あんどうしょうてん》／高知《こうち》市）

福岡県《ふくおかけん》

かしわめし（大）

骨《ほね》付きのとり肉をじっくり煮込《にこ》み、肉はほぐして甘辛《あまから》く味付けし、スープはごはんにたき込《こ》む。 とり、卵《たまご》、のりの3色ごはんに、煮《に》たうぐいす豆がそえられる

九州ではとり肉のことを「かしわ」と呼《よ》び、祝い事があるととり肉でもてなしました。「東筑軒《とうちくけん》」の創業《そうぎょう》者が東京で数々の駅弁《えきべん》に出会ったとき「自分も地元を代表する駅弁をつくりたい」と決心し、おもてなし素材《そざい》のかしわを選んだそうです。当初とり肉と卵《たまご》を合わせた弁当を「おやこめし」と呼んで立ち売りしていましたが、「おやごろし」と聞こえるため、名前を「かしわめし」に変更《へんこう》。今では九州を代表する駅弁になりました。

販売《はんばい》／JR《ジェイアール》鹿児島本線《かごしまほんせん》 折尾《おりお》駅
（東筑軒《とうちくけん》／北九州市《きたきゅうしゅう》）

大分県《おおいたけん》
山海三昧《さんかいざんまい》

湯布院《ゆふいん》牛あぶり焼きのにぎりに、大分県産しいたけのバターいため、とり天、豊後《ぶんご》水道の魚介《ぎょかい》類。大分ブランドのさつまいも「かんたくん」など大分づくしのおかず

当時、東九州自動車道が大分県まで開通するなど地元に注目が集まるなか「もっと大分県を盛《も》り上げたい!」とうでをふるったのが地元すし店の「寿《す》し由《よし》」です。「大分県をにぎる」をテーマに、日本一生産量の多いしいたけや、県民のソウルフードのとり天、豊後《ぶんご》水道で水あげされた魚介《ぎょかい》など、山・海・里の名物を集めた「山海三昧《ざんまい》」を平成二十六年に生み出しました。もっとも大分らしい駅弁《えきべん》として新名物に仲間入りしています。

販売《はんばい》／JR《ジェイアール》日豊本線《にっぽうほんせん》 大分《おおいた》駅
（寿《す》し由《よし》／大分《おおいた》市）

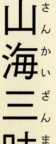

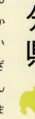

佐賀県《さがけん》

焼麦弁当《しゃおまいべんとう》

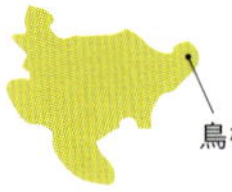

大正二年に生まれた日本初のとりめし駅弁《えきべん》「かしわめし」と、発売から五十年以上のロングセラー「焼麦《しゃおまい》」を合わせた、ふたつの九州名物が一箱で味わえるよくばりな弁当です。皮であんを包んだものを焼麦といい、しゅうまいのことをさします。

「かしわめし」は鳥栖《とす》という地名にも入っているとりを使った鳥栖市伝統《でんとう》のたき込《こ》みごはん。焼《しゃお》麦《まい》には主に佐賀県産の玉ねぎと、国産ぶた肉を使用

販売《はんばい》／JR《ジェイアール》鹿児島本線《かごしまほんせん》
鳥栖《とす》駅
（中央軒《ちゅうおうけん》／鳥栖《とす》市）

長崎県《ながさきけん》

ながさき鯨《くじら》カツ弁当《べんとう》

弥生《やよい》時代にはすでに捕鯨《ほげい》を行っていたという長崎県は、くじら雑炊《ぞうすい》など独特《どくとく》のくじら食文化を持っています。長崎市内の老舗《しにせ》の専門《せんもん》店《てん》が、おいしさを全国に伝えるべく、良質《りょうしつ》なくじら肉を味わい深いカツにして駅弁《えきべん》に仕上げました。

くじら肉をたれにつけ込《こ》んでカラリとあげたカツに、甘辛《あまから》いくじら肉100%のそぼろ、竜田《たつた》あげなど、今ではめずらしいくじら肉の魅力《みりょく》をいっぱいにつめた弁当《べんとう》

販売《はんばい》／JR《ジェイアール》長崎本線《ながさきほんせん》 長崎《ながさき》駅
（鯨専門店《くじらせんもんてん》くらさき／
長崎《ながさき》市）

熊本県《くまもとけん》
鮎屋三代《あゆやさんだい》

九州新幹線《しんかんせん》の開通で生まれた新八代駅《しんやつしろ》。開業に合わせて発売されたのが「鮎屋《あゆや》三代《さんだい》」です。日本三大急流の一つ球磨川《くまがわ》で育ったかおり高い天然のあゆを、一尾《いちび》丸ごと甘露煮《かんろに》に。焼いて干《ほ》した「焼鮎《やきあゆ》」のだしでたいたごはんにのせました。

八代市《やつしろ》で100年続くあゆ専門店《せんもんてん》の三代目当主がつくった駅弁《えきべん》。「香魚《こうぎょ》」と呼《よ》ばれるあゆの甘露煮《かんろに》は骨《ほね》までやわらか。天然あゆのかおりとうま味が楽しめる

販売《はんばい》／JR《ジェイアール》九州新幹線《きゅうしゅうしんかんせん》
新八代駅《しんやつしろ》
（みなみの風／八代市《やつしろ》）

宮崎県《みやざきけん》
元祖《がんそ》椎茸《しいたけ》めし

干《ほ》ししいたけの産地として名高い宮崎県。「元祖《がんそ》椎《しい》茸《たけ》めし」は、昭和二十七年の発売以来つぎ足してきた伝《でん》統《とう》の煮汁《にじる》でしいたけを煮ふくめ、とりのスープでたいたごはんにのせた駅弁《えきべん》です。肉厚《にくあつ》のしいたけからじんわりうま味がにじみ出します。

たき込《こ》みごはんに甘辛《あまから》く煮《に》た宮崎県産のしいたけと錦糸卵《きんしたまご》、とり肉のそぼろをのせた。しいたけのかおりと昔なつかしい風味が広がる宮崎県のロングセラー

販売《はんばい》／JR《ジェイアール》日豊本線《にっぽうほんせん》 宮崎《みやざき》駅
（宮崎駅弁当《みやざきえきべんとう》／宮崎《みやざき》市）

鹿児島県《かごしまけん》

えびめし

現在、車えびは稀少《きしょう》なため、ごはんにたき込《こ》むのは乾燥《かんそう》させた赤えび。さらにごはんにえび煮《に》をのせ、若《わか》どりのあげ煮や煮豆など多彩《たさい》なおかずが楽しめる

出水《いずみ》市沿岸《えんがん》の不知火《しらぬい》沖《おき》では三百年の歴史を持つ「桁《けた》打網漁《うたせあみりょう》」という漁が行われ、かつてはたくさんのえびがとれていました。また、鹿児島県では車えびをあぶり焼きにして乾燥《かんそう》させた「えびのだし」を雑煮《ぞうに》に使います。伝統《でんとう》の雑煮にちなんでつくった「えびめし」は、ごはんが主役。細かく粉状《こなじょう》にした干《ほ》しえびがごはんにたき込《こ》んであり、ぜいたくなうま味とかおりが広がります。えびの背《せ》のような半月形の弁当箱《べんとうばこ》も独特《どくとく》です。

販売《はんばい》／JR《ジェイアール》九州新幹線《きゅうしゅうしんかんせん》 出水《いずみ》駅
（松栄軒《しょうえいけん》／出水《いずみ》市）

沖縄県《おきなわけん》

海人《うみんちゅ》がつくる 壺川駅前弁当《つぼがわえきまえべんとう》

ヅケの魚は皮付きのイラブチャー(ぶだい)やはた、まぐろなど。塩気のある海藻《かいそう》「海ぶどう」といっしょに食べるとよりおいしい。沖縄天ぷらは3種がそろう

沖縄県初にして唯一《ゆいいつ》、日本最南端《さいなんたん》の駅弁《えきべん》は「ゆいレール」の愛称《あいしょう》を持つモノレールが開通した年に生まれました。琉球《りゅうきゅう》王朝時代から続く沖縄でいちばん古い漁港の壺川《つぼがわ》漁港と、海人《うみんちゅ》(沖縄の方言で漁師《りょうし》)が集まり考えた弁当《べんとう》の具はなんと生の魚！百年の歴史を持つ南大東島《みなみだいとうじま》の「島寿司《しまずし》」をもとに、漁港でその日にとれた新鮮《しんせん》な魚を甘《あま》めの醤油《しょうゆ》だれにつける「ヅケ」にします。気温の高い沖縄でも日持ちする工夫で、おいしさも倍増《ばいぞう》!

販売《はんばい》／沖縄都市《おきなわとし》モノレール線 壺川駅《つぼがわ》
(那覇《なは》市沿岸《えんがん》漁協壺川《つぼがわ》さかな／那覇《なは》市)

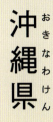

おもしろ容器《ようき》

貯金箱として使おう！

群馬　JR《ジェイアール》 高崎本線《たかさきほんせん》 高崎駅《たかさき》

だるま弁当《べんとう》

（高崎弁当《たかさきべんとう》／高崎市《たかさき》）

お正月のだるま市で有名な高崎市の「少林寺達磨寺《しょうりんじだるまでら》」にあやかってつくった駅弁。だるまさんの顔を開けると茶めしの上に具がぎっしり！現在《げんざい》は軽いプラスチック製《せい》ですが昭和35年の発売当初は陶器《とうき》製。復刻《ふっこく》版《ばん》も近年に発売しています。

福島　JR《ジェイアール》 磐越西線《ばんえつさいせん》 会津若松駅《あいづわかまつ》

会津《あいづ》 蔵出弁当《くらだしべんとう》

（ウェルネス伯養軒《はくようけん》 郡山支店《こおりやましてん》／郡山《こおりやま》市）

棒《ぼう》だらの甘露煮《かんろに》やにしんの天ぷら、山菜栗《くり》めし、駄菓子《だがし》まで、会津の味をいっぱいにつめた駅弁《えきべん》。高級感のある美しい弁当箱《べんとうばこ》は、国の伝統《でんとう》工芸品に指定されている「会津塗《あいづぬり》」の2段重！ 料理と容器、どちらからも歴史が感じられます。

まゆ毛と鼻が動くよ

新潟　JR《ジェイアール》 信越本線《しんえつほんせん》 新潟駅《にいがた》

雪だるま弁当《べんとう》

（三新軒《さんしんけん》／ 新潟市《にいがた》）

豪雪《ごうせつ》地帯である新潟県らしい、雪だるまの形をした駅弁です。地元産の自慢《じまん》のコシヒカリにとり肉のそぼろ、かずのこ、雪だるま形のかまぼこまで、山海の恵《めぐ》みが勢ぞろい。顔のまゆ毛と鼻が動くので、表情《ひょうじょう》を変えて楽しめます。

食べた後は
種をうえよう！

滋賀　JR《ジェイアール》 東海道本線《とうかいどうほんせん》 草津《くさつ》駅

お鉢弁当《はちべんとう》

（南洋軒《なんようけん》／草津《くさつ》市）

草津地方でよく食べる高菜めしが入っているのは、なんと素焼《すや》きの植木鉢《うえきばち》です。食べた後に家ですぐ使えるよう、ラディッシュ（ハツカダイコン）の種付き。弁当《べんとう》が生まれた理由が書かれた新聞風のかけ紙もユニークです。要予約。

香川　JR《ジェイアール》 予讃線《よさんせん》 高松《たかまつ》駅

アンパンマン弁当《べんとう》

（ステーションクリエイト東四国／高松市）

高松駅を通る予讃《よさん》線や土讃線など四国をぐるりとめぐる「アンパンマン列車」のデビューを記念してつくられた駅弁《えきべん》です。アンパンマンの水筒《すいとう》が付いたふたをあけると、中からまたアンパンマンの顔が登場。顔を食べて「げんき100ばい！」

熊本　JR《ジェイアール》 肥薩線《ひさつせん》 人吉《ひとよし》駅

栗《くり》めし

（人吉駅弁やまぐち／人吉市）

栗の形の赤い弁当箱《べんとうばこ》を開けると中に大きな栗がぎっしり。昭和40年の発売以来、味のよさでも人気の高い駅弁《えきべん》で、かんぴょうを散らした混《ま》ぜごはんに人吉盆地《ひとよしぼんち》産のほくほくと甘《あま》い栗がたっぷりのります。栗の写真のかけ紙も風情があります。

車両形駅弁《えきべん》

北海道 JR《ジェイアール》 北海道新幹線《ほっかいどうしんかんせん》
新函館北斗駅《しんはこだてほくと》

H《エイチ》5系《けい》はやぶさ弁当《べんとう》

（吉田屋《よしだや》／青森県八戸《はちのへ》市）

青森県の新青森駅から北海道の新函館北斗《しんはこだてほくと》駅を結ぶ、1日に4本しか走行しないH5系の駅弁。E5系と形は似《に》ていますが、車体の中央にラベンダーを思わせる紫《むらさき》色の帯が入っています。ごはんはチキンライスで、おかずはハンバーグやエビフライ、アメリカンドッグなど。

秋田 JR《ジェイアール》 秋田新幹線《あきたしんかんせん》
秋田駅

E《イー》6系《けい》こまちランチ

（関根屋《せきねや》／秋田《あきた》市）

イタリアのスーパーカー「フェラーリ・エンツォフェラーリ」のデザイナーが考えた赤い新幹線の車両は、秋田新幹線と東北新幹線に使われ、国内最速の時速320kmを走るためにつくられました。駅弁《えきべん》には「あきたこまち」のごはんに、とりそぼろやおかずが入っています。

富山 JR《ジェイアール》 北陸新幹線《ほくりくしんかんせん》
金沢《かなざわ》～富山《とやま》駅

W《ダブル》7系《けい》北陸新幹線弁当《べんとう》「北都《ほくと》の源Ⅰ《げんワン》」

（源《みなもと》／富山《とやま》市）

東京駅と金沢駅を結ぶ北陸新幹線の開業を記念して生まれた、石川県と富山県を紹介《しょうかい》した駅弁《えきべん》。金沢で親しまれている、ケチャップライスにフライをのせた「ハントンライス」に富山県産米を使用。白い容器《ようき》に自分でシールをはって新幹線のデザインに仕上げます。

シールで遊ぼう！

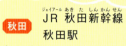

兵庫 JR《ジェイアール》 山陽《さんよう》新幹線《しんかんせん》
新神戸《しんこうべ》駅

923形ドクターイエロー弁当《べんとう》

(淡路屋《あわじや》／神戸《こうべ》市)

「新幹線のお医者さん」と呼《よ》ばれるドクターイエロー。本物を目にする機会は少なく、とてもめずらしい車両です。新幹線の線路や架線《かせん》に異常《いじょう》がないか検査《けんさ》しています。駅弁《えきべん》は、車両の黄色にちなみ、オムレツやとうもろこし、ごはんまでイエローづくしの内容《ないよう》です。

兵庫 JR《ジェイアール》 山陽《さんよう》新幹線《しんかんせん》
新神戸《しんこうべ》駅

夢《ゆめ》の超特急《ちょうとっきゅう》 0系《けい》新幹線弁当《べんとう》

(淡路屋《あわじや》／神戸《こうべ》市)

昭和39年にデビューし、44年間運行していた国内初の新幹線が、駅弁《えきべん》でよみがえりました。きのこピラフや日の丸かまぼこ、ハンバーグの入った弁当《べんとう》箱《ばこ》は、本物の車両より車高を高くしたデザイン。「夢の超特急」と呼《よ》ばれた当時の迫力《はくりょく》を駅弁で再現《さいげん》しています。

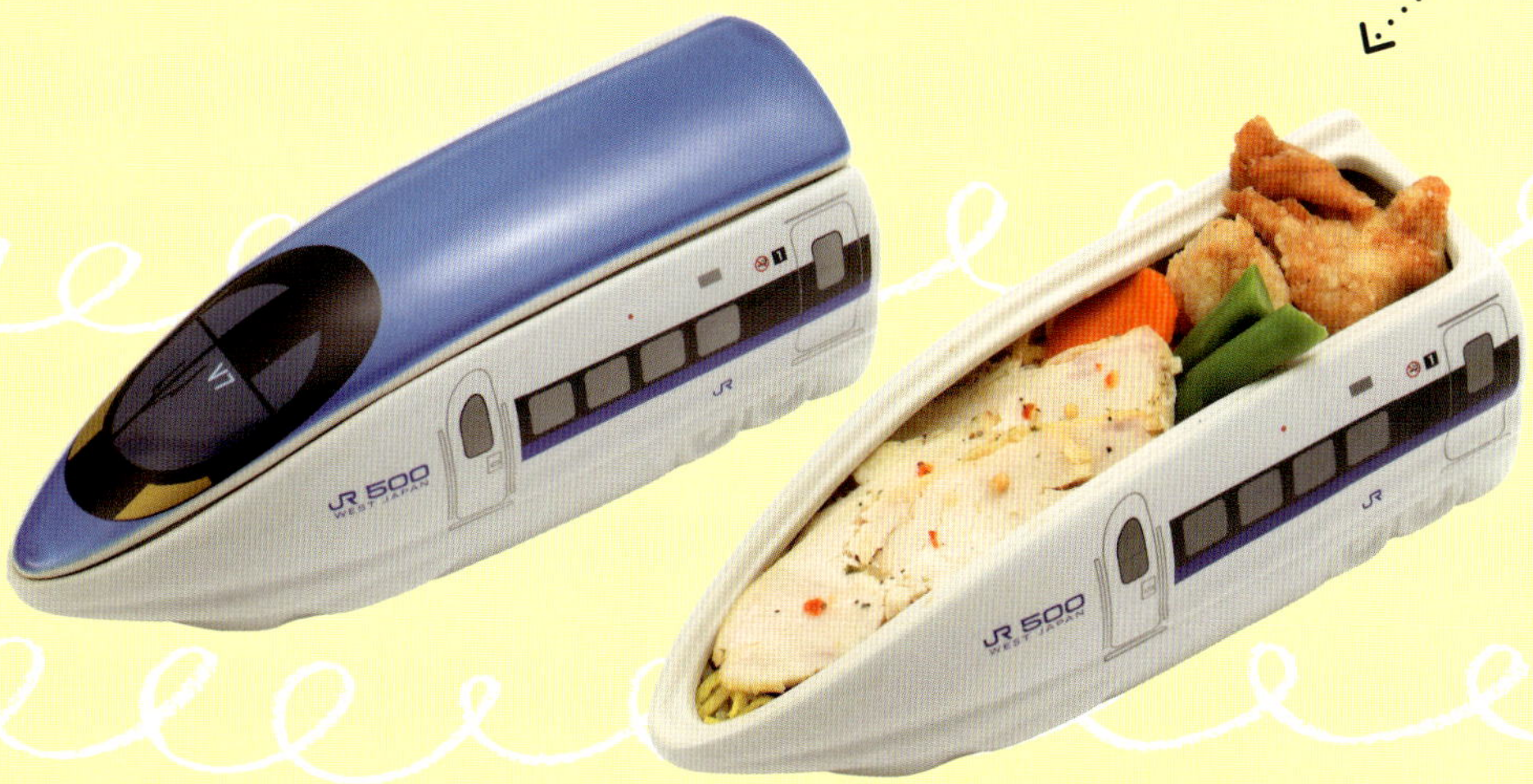

兵庫 JR《ジェイアール》 山陽《さんよう》新幹線《しんかんせん》
新神戸《しんこうべ》駅

500系《けい》新幹線弁当《べんとう》

(淡路屋《あわじや》／神戸《こうべ》市)

時速300km運転を日本で初めて実現《じつげん》させた新幹線を駅弁に。兵庫県産「播州《ばんしゅう》百日どり」の蒸《む》しどり3切れとからあげ2つをのせ、「5つの百日どり＝500系」としたアイディア弁当です。最高速度は新しい新幹線にぬかれてしまいましたが、今なお人気の高い新幹線です。

かに&えび

1

2

3

4

---

4 千葉

いすみ鉄道《てつどう》
大原《おおはら》駅

伊勢《いせ》えび弁当《べんとう》

(大野荘《おおのそう》／御宿《おんじゅく》町)

伊勢と名がつきますが、実は伊勢えびの漁獲量日本一は千葉県です。名産地の御宿町でつくった駅弁《えきべん》で、伊勢えびの「鬼《おに》殻《がら》焼き」のほか地魚の「さんが焼き」など地元の味が大集合!

3 静岡

JR《ジェイアール》 東海道本線《とうかいどうほんせん》
三島《みしま》駅

桜《さくら》えびめし

(桃中軒《とうちゅうけん》／沼津《ぬまづ》市)

桜えびは駿河湾《するがわん》でのみ水あげされる、深海にすむピンク色の小さなえびです。それをたき込《こ》みごはんとかきあげにした駅弁《えきべん》からは、食欲《しょくよく》をそそる桜えびのかおりが立ちのぼります。

2 鳥取

JR《ジェイアール》 山陰本線《さんいんほんせん》
鳥取《とっとり》駅

山陰鳥取《さんいんとっとり》 かにめし

(アベ鳥取堂／鳥取市)

食材は紅《べに》ずわいがにと米、調味料のみ。かにのみそでたき込《こ》んだごはんの上にかにのほぐし身をしきつめ、ゆでがにのツメをのせました。かにの形の容器は、土にかえるエコ素材です。

1 北海道

JR《ジェイアール》 函館本線《はこだてほんせん》
長万《おしゃまん》部《べ》駅

かなやのかにめし

(かにめし本舗《ほんぽ》かなや／長万部町)

戦後すぐ、とれたての毛がにをゆでてホームで売ったところ大評判《ひょうばん》に。それをもとに昭和25年に生まれた駅弁《えきべん》です。塩とこしょうだけで味付けしたかにがびっしりのっています。

貝

②

①

④

③

① 北海道

JR《ジェイアール》 根室本線《ねむろほんせん》
厚岸駅《あっけし》

氏家《うじいえ》かきめし

（厚岸駅前氏家待合所／厚岸町）

厚岸湖は、国内で唯一《ゆいいつ》、1年中かきが出荷できる名産地。かきの煮汁《にじる》とひじきのたき込《こ》みごはんに煮たかきをのせた駅《えき》弁《べん》は、昭和38年の登場以来、町の名物の味になっています。

② 北海道

JR《ジェイアール》 室蘭本線《むろらんほんせん》
母恋《ぼこい》駅

母恋《ぼこい》めし

（母恋めし本舗《ほんぽ》／室蘭《むろらん》市）

母恋という地名の語源《ごげん》はアイヌ語の「ポク・オイ」でホッキ貝がたくさんとれる場所という意味。肉厚《にくあつ》なホッキ貝のたき込《こ》みごはんをおにぎりにし、大きな貝がらに入れた駅弁《えきべん》です。

③ 東京

JR《ジェイアール》 東海道新幹線《とうかいどうしんかんせん》
品川《しながわ》駅

深川《ふかがわ》めし

（ジェイアール東海《とうかい》パッセンジャーズ／中央区《ちゅうおう》）

江戸《えど》（現《げん》東京都）名物の、あさりのだしをきかせたたき込《こ》みごはん「深川めし」の駅弁《えきべん》です。穴《あな》子《ご》のかば焼きとはぜの甘露煮《かんろに》ものっていて、弁当からは江戸の風情《ふぜい》が匂《にお》い立ちます。

④ 千葉

JR《ジェイアール》 総武本線《そうぶほんせん》
千葉《ちば》駅

やきはま弁當《べんとう》

（万葉軒《まんようけん》／浦安《うらやす》市）

串《くし》にさしたはまぐりに甘辛《あまから》いタレをからめて焼く、千葉名物の「焼きはま」を茶めしにのせた駅弁《えきべん》です。昭和15年の販売《はんばい》以来70年以上変わらない、昔なつかしい味わいです。

②

①

魚介

④

③

④ 静岡

伊豆急行線《いずきゅうこうせん》
伊豆急下田駅《いずきゅうしもだ》

金目鯛《きんめだい》の塩焼き弁当《べんとう》

（伊豆急物産／伊東《いとう》市）

きんめだいを絶妙《ぜつみょう》な塩加減《かげん》で焼き、焼きのりをしいたごはんにのせた駅弁《えきべん》です。静岡の11月の県魚であるきんめだいは、真っ赤な姿《すがた》と味のよさからお祝いにも用いられる、めでたい魚です。

③ 新潟

えちごトキめき鉄道
直江津《なおえつ》駅

鱈《たら》めし

（ホテルハイマート／上越《じょうえつ》市）

骨《ほね》までやわらかく煮《に》た棒《ぼう》だらの甘露煮《かんろに》と、焼きたらこを合わせた親子めし。棒だらは、すけそうだらをカチカチになるまで棒状に干《ほ》した保存《ほぞん》食で、冬のごちそう料理に使われます。

② 秋田

JR《ジェイアール》 奥羽本線《おううほんせん》
秋田《あきた》駅

日本海ハタハタすめし

（関根屋《せきねや》／秋田《あきた》市）

脂《あぶら》ののった秋田県産ハタハタを48時間たれにつけて焼き、酢《す》めしにのせた駅弁《えきべん》。とんぶり（ほうきぎの実）やいぶりがっこ（たくあんのくんせい）など秋田名物のおかず入り。要予約。

① 北海道

JR《ジェイアール》 函館本線《はこだてほんせん》
札幌《さっぽろ》駅

石狩鮭《いしかりさけ》めし

（弁菜亭《べんさいてい》／札幌《さっぽろ》市）

石狩川でとれたさけを使い、大正12年に日本で初めてさけ弁《べん》をつくったロングセラーの駅弁《えきべん》です。時代ごとにおかずや内容《ないよう》を進化させ、現在《げんざい》はさけめしの上にいくらがたっぷり！

⑥

⑤

魚介

⑧

⑦

⑧ 鹿児島

JR《ジェイアール》 鹿児島本線《かごしまほんせん》
鹿児島中央《かごしまちゅうおう》駅

鰹《かつお》一本釣《づ》り弁当《べんとう》

（ぶるぺん／枕崎市《まくらざき》）

350年以上のかつお漁業の歴史を持つ枕崎市の駅弁《えきべん》。「一本釣《づ》り」で釣ったかつおを船上でしめた「枕崎ぶえん鰹」を使い、かつおだしでたいたごはんに照り焼きをのせました。

⑦ 福岡

JR《ジェイアール》 鹿児島本線《かごしまほんせん》
博多《はかた》駅

上等いか三昧辨當《ざんまいべんとう》

（萬坊《まんぼう》／佐賀県唐津市《さがけんからつ》）

佐賀県呼子《よぶこ》町で名物のいかしゅうまいを考案した「呼子萬坊」の駅弁《えきべん》。となりの県ですが呼子には駅がなく博多駅で販売中。一夜干《ぼ》し、いかめし、いかん子ウィンナーなどいかづくし。

⑥ 愛媛

JR《ジェイアール》 予讃線《よさんせん》
今治《いまばり》駅

瀬戸《せと》の押寿司《おしすし》

（二葉《ふたば》／今治《いまばり》市）

今治藩《はん》には「たい奉行《ぶぎょう》」が置かれるほど、昔からたいが愛されてきました。来島海峡《くるしまかいきょう》の身がしまったたいを酢《す》じめにしてから切った、食感と風味がとてもいい押《お》しずしの駅弁《えきべん》です。

⑤ 鳥取

JR《ジェイアール》 山陰本線《さんいんほんせん》
米子《よなご》駅

吾左衛門鮓《ござえもんずし》 鯖《さば》

（米吾《こめご》／米子《よなご》市）

300年前に廻船《かいせん》問屋（現代《げんだい》の海運業者）を営んでいた「米吾」。航海の安全をいのって船乗りたちに出したすしを駅弁《えきべん》に。厳冬期《げんとうき》の寒さばと酢めしを昆布で包んだ、伝統《でんとう》の棒ずしです。

肉

④ 埼玉

JR《ジェイアール》 東北新幹線《とうほくしんかんせん》
大宮《おおみや》駅

黒豚《ぶた》みそだれ弁当《べんとう》

(ひびき／川越《かわごえ》市)

東松山《ひがしまつやま》市では焼きとり（とりもぶた肉も焼く）にみそだれをかけて楽しみます。そのみそだれをブランドぶた「彩《さい》の国黒豚」のしょうが焼きにからめた駅弁《えきべん》。冷めてもやわらかいと評判《ひょうばん》。

③ 群馬

JR《ジェイアール》 高崎線《たかさきせん》
高崎《たかさき》駅

鶏《とり》めし弁当《べんとう》

(高崎弁当《たかさきべんとう》／高崎《たかさき》市)

養鶏《ようけい》がさかんな群馬で昭和9年に誕生《たんじょう》したロングセラーの駅弁《えきべん》です。 茶めしの上にはあふれんばかりのとりそぼろと、厚切《あつぎ》りのとりの照り焼きがのって、ボリュームたっぷり！

② 岩手

JR《ジェイアール》 東北本線《とうほくほんせん》
一ノ関《いちのせき》駅

前沢牛《まえざわぎゅう》ローストビーフ 肉巻《にくまき》にぎり寿司《ずし》

(斎藤松月堂《さいとうしょうげつどう》／一関《いちのせき》市)

とろけるようなしも降《ふ》りの前沢牛を使ったぜいたくな駅弁《えきべん》です。 肉のよさを生かしたローストビーフのにぎりずしで、米は岩手県産ひとめぼれを使用。はし休めの玉こんにゃく付き。

① 青森

JR《ジェイアール》 東北新幹線《とうほくしんかんせん》
七戸十和田《しちのへとわだ》駅

桜弁当《さくらべんとう》

(七戸《しちのへ》物産協会／七戸町)

室町時代まで糠部《ぬかのぶ》と呼《よ》ばれていた七戸町は、名馬の産地として有名で馬食文化も根付いています。 肉の色から桜肉と呼ばれる馬肉をごぼうと味噌《みそ》で味付けし、ごはんにのせました。

※地どりは日本に昔からいたにわとりの血統で、きびしい管理で育てられます

⑥

⑤

肉

⑧

⑦

⑧ 鹿児島

JR《ジェイアール》 九州新幹線《きゅうしゅうしんかんせん》
出水《いずみ》駅

極《きわみ》 黒豚《ぶた》めし

(松栄軒《しょうえいけん》／出水《いずみ》市)

甘味《あまみ》とコクのある「かごしま黒豚さつま」に、鹿児島県でつくった焼酎《しょうちゅう》や味噌《みそ》を合わせたたれをからめて焼き上げた駅弁《えきべん》です。冷めてもやわらかく、味わい深いぶた肉です。

⑦ 兵庫

JR《ジェイアール》 山陽新幹線《さんようしんかんせん》
新神戸《しんこうべ》駅

神戸《こうべ》のステーキ弁当《べんとう》

(淡路屋《あわじや》／神戸《こうべ》市)

江戸《えど》時代末期にイギリス人が神戸市に最初の牛肉店をつくるなど、古くから牛食文化が根付いている町の駅弁《えきべん》。厚切《あつぎ》りのステーキが野菜のソテーとともにきのこごはんにのっています。

⑥ 兵庫

JR《ジェイアール》 山陰本線《さんいんほんせん》
和田山《わだやま》駅

但馬《たじま》の里和牛弁当《べんとう》

(福廼家《ふくのや》／朝来《あさご》市)

松阪《まつさか》牛や近江《おうみ》牛など全国のブランド牛は、兵庫県の「但馬牛」をルーツとしています。肉質のいい但馬牛を、地元のたまり醤《しょう》油《ゆ》でつくったたれで煮た、すき焼き風の駅弁です。

⑤ 愛知

JR《ジェイアール》 東海道本線《とうかいどうほんせん》
名古屋《なごや》駅

純系《じゅんけい》名古屋《なごや》コーチンとりめし

(名古屋《なごや》だるま／名古屋《なごや》市)

日本を代表する地どり「名古屋コーチン」の100％純血《じゅんけつ》種のみを使っています。うま味たっぷりのとりめしに、かむほどに味がしみ出る名古屋コーチンの照り焼きがのっています。

駅弁で
学ぼう

駅弁《えきべん》で知る各地の歴史

駅弁《えきべん》は土地の食べ物だけではなく歴史や風土も伝えてくれます。今も尊敬《そんけい》を集める武将《ぶしょう》の名を付けた弁当《べんとう》など駅弁を食べながら各地の歴史に親しんでみましょう。

岩手 JR《ジェイアール》 東北本線《とうほくほんせん》
一ノ関《いちのせき》駅

平泉義経《ひらいずみよしつね》

（あべちう／一関《いちのせき》市）

古代米の赤いごはんや「いわいどり」の照り焼きなど、平泉《ひらいずみ》町の食材を使った幕《まく》の内の駅弁《えきべん》です。平安時代、平泉を中心に東北一帯を支配していた藤原《ふじわら》氏は、戦《いくさ》のうまい源義経《みなもとよしつね》をかくまい、頼朝《よりとも》の率《ひき》いる源氏《げんじ》と戦った歴史があります。

宮城 JR《ジェイアール》 東北本線《とうほくほんせん》
仙台《せんだい》駅

独眼竜政宗辨當《どくがんりゅうまさむねべんとう》

（こばやし／仙台《せんだい》市）

伊達《だて》政宗は「戦国時代の最後の英雄」といわれる優《すぐ》れた武将《ぶしょう》。子どものころ病気で片目《かため》を失ったことから「独眼竜政宗」と呼《よ》ばれます。駅弁《えきべん》ではササの葉で巻《ま》いたくるみおこわや焼きおにぎりのほか、牛肉の甘辛煮《あまからに》などが味わえます。

石川　JR《ジェイアール》 北陸本線《ほくりくほんせん》
金沢《かなざわ》駅

利家御膳《としいえごぜん》

（大友楼《おおともろう》／金沢《かなざわ》市）

駕籠《かご》の形の容器《ようき》も楽しい駅弁《えきべん》は、加賀藩《かがはん》（現《げん》石川県） の料理を担《にな》っていたという「大友楼《おおともろう》」が、歴代藩主のうたげの献立《こんだて》をもとにつくりました。前田《まえだ》利家《としいえ》は江戸《えど》初期まで活躍《かつやく》した武将《ぶしょう》で、加賀百万石《ひゃくまんごく》の繁栄《はんえい》のいしづえを築《きず》きました。

※駕籠とは人力で運ぶ、江戸時代の乗り物

静岡　JR《ジェイアール》 東海道本線《とうかいどうほんせん》
静岡《しずおか》駅

慶喜弁当《けいきべんとう》

（東海軒《とうかいけん》／静岡《しずおか》市）

徳川幕府《とくがわばくふ》15代目で、最後の征《せい》夷大将軍《いたいしょうぐん》である徳川慶喜は、家康《いえやす》以来の英傑《えいけつ》といわれた人物。明治時代に入ってからは静岡で過《す》ごしました。駅弁《えきべん》では徳川家の家紋《かもん》「三《み》つ葉葵《ばあおい》」を太巻《ふとま》きで表し、慶喜の好物のたいや牛肉が盛《も》られています。

島根　JR《ジェイアール》 山陰本線《さんいんほんせん》
松江《まつえ》駅

出雲招福《いずもしょうふく》ちらし

（一文字家《いちもんじや》／松江《まつえ》市）

日本最古の歴史書「古事記《こじき》」が編《あ》まれてから1300年をむかえたのと、平成20～28年の出雲大社《いずもたいしゃ》の大遷宮《だいせんぐう》とを記念して生まれた駅弁《えきべん》です。古事記に書かれた「五穀《ごこく》」や朝廷《ちょうてい》に奉《ほう》納《のう》された食材など、出雲地方ゆかりのおかずを集めました。

※五穀とは米や大豆など、さまざまな穀物《こくもつ》の総称《そうしょう》

集めてみよう！ かけ紙コレクション

発売開始からほぼかわらない横川駅《よこかわ》の「峠《とうげ》の釜《かま》めし」。木版刷り《もくはんず》時代の雰囲気《ふんいき》を残し、昔と変わらぬ弁当《べんとう》の味とスタイルを大切に守っている

小淵沢《こぶちざわ》駅の「元気甲斐《げんきかい》」はイラストレーターの安西水丸《あんざいみずまる》が絵を、映画監督《えいがかんとく》の伊丹十三《いたみじゅうぞう》がアートディレクションを担当《たんとう》。名峰《めいほう》・八ヶ岳《やつがたけ》が描《えが》かれる

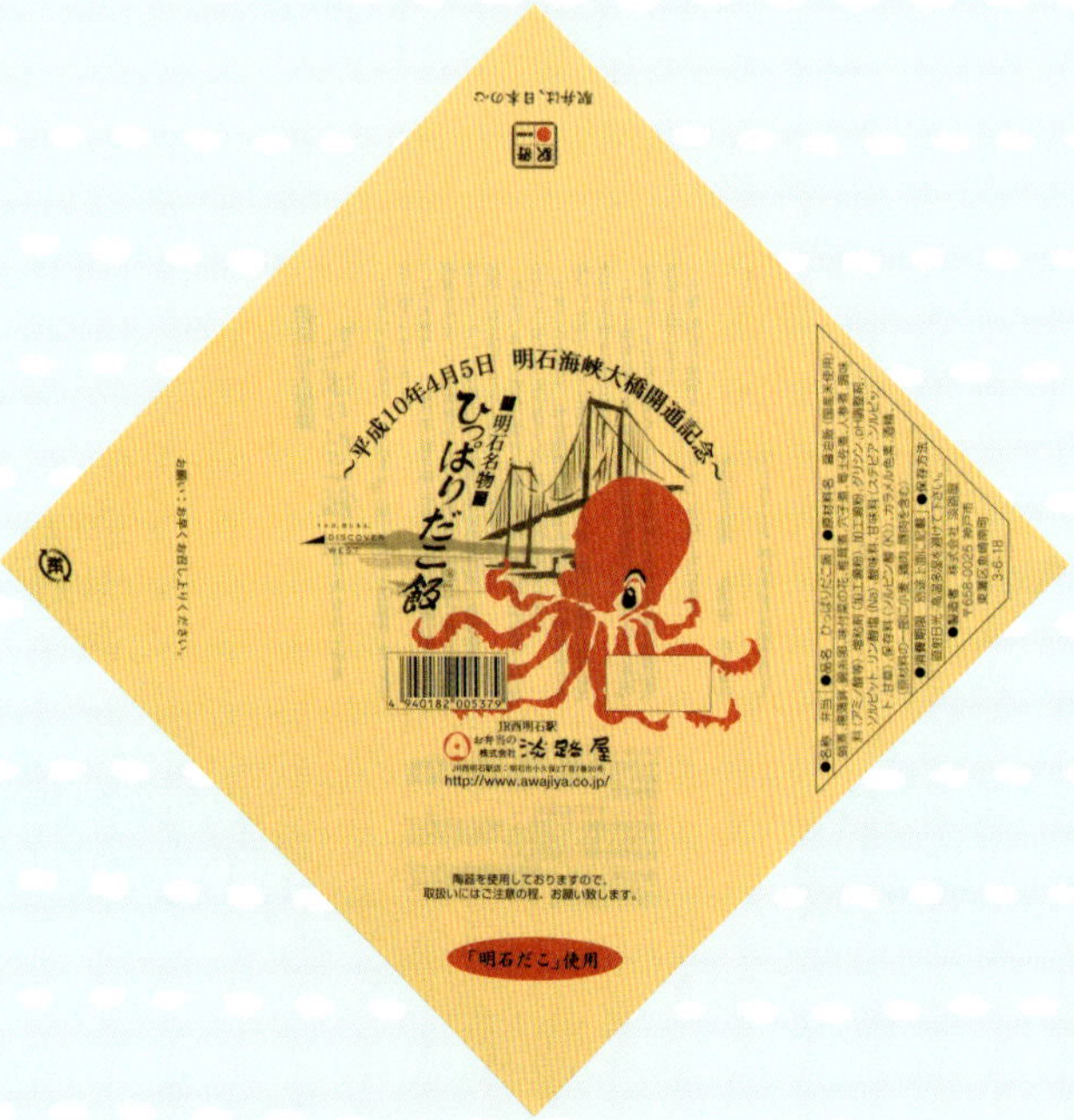

明石海峡《あかしかいきょう》大橋の開通を記念してつくられた「ひっぱりだこ飯」は、開通した年月日入りで明石の歴史も名物もわかる。つぼの形の容器にかぶせる

松山の方言が書かれているよ

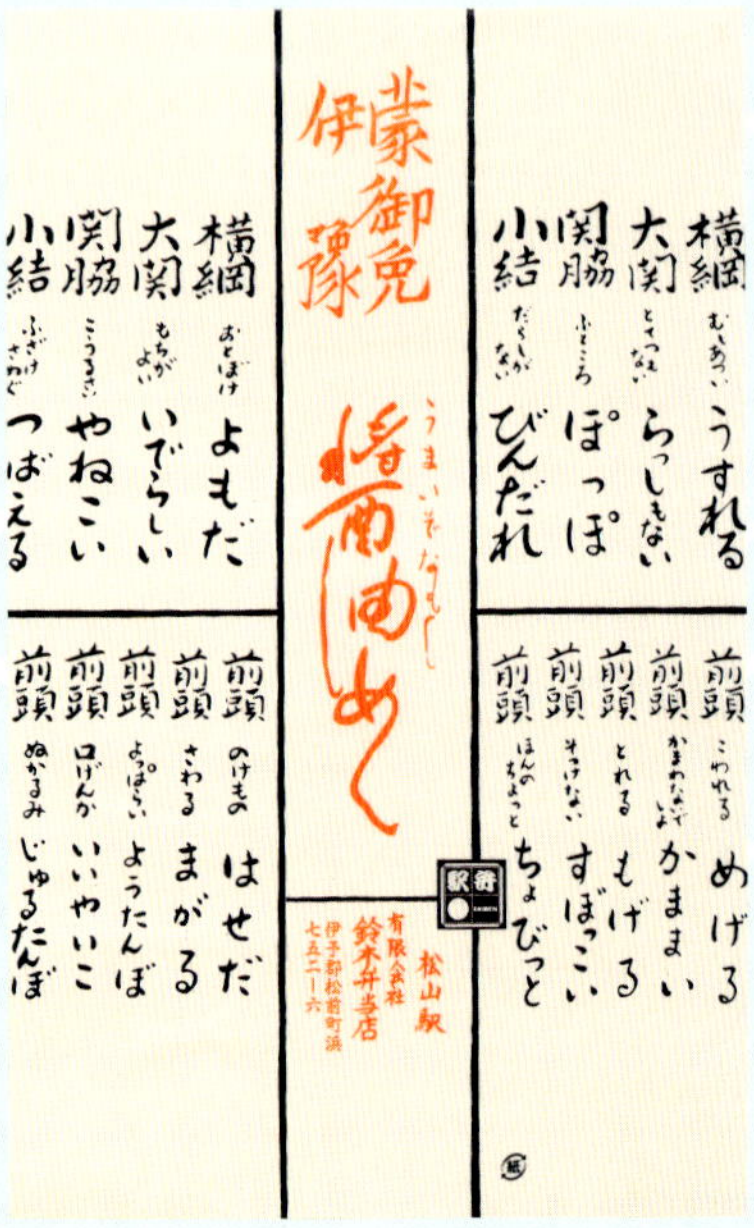

「ぬかるみ」は伊予弁《いよべん》で「じゅるたんぼ」など、方言を相撲《すもう》の番付表風に並べた「醤油《しょうゆ》めし」のかけ紙。弁当《べんとう》には「うまいぞなもし」の言葉も

正確《せいかく》にはかけ紙ではなく、近年多くなった箱スタイルを採用《さいよう》した出水《いずみ》駅の「えびめし」。主役のえびを大《だい》胆《たん》に描《えが》くなど昔のかけ紙を思わせるデザイン

これで北九州の名所や名物がわかる！

折《おり》尾《お》駅の「かしわめし」は若《わか》戸《と》大橋やスペースワールドなど周辺の名所や名物がびっしり書き込《こ》まれている。いちばんの名物は「かしわめし」!?

かけるというより包み込むスタイルの「元《がん》祖《そ》椎茸《しいたけ》めし」。時代によって多少の絵《え》柄《がら》は変更《へんこう》しているが、山としいたけの絵はずっと変わらない

魚の大きさは実物大！

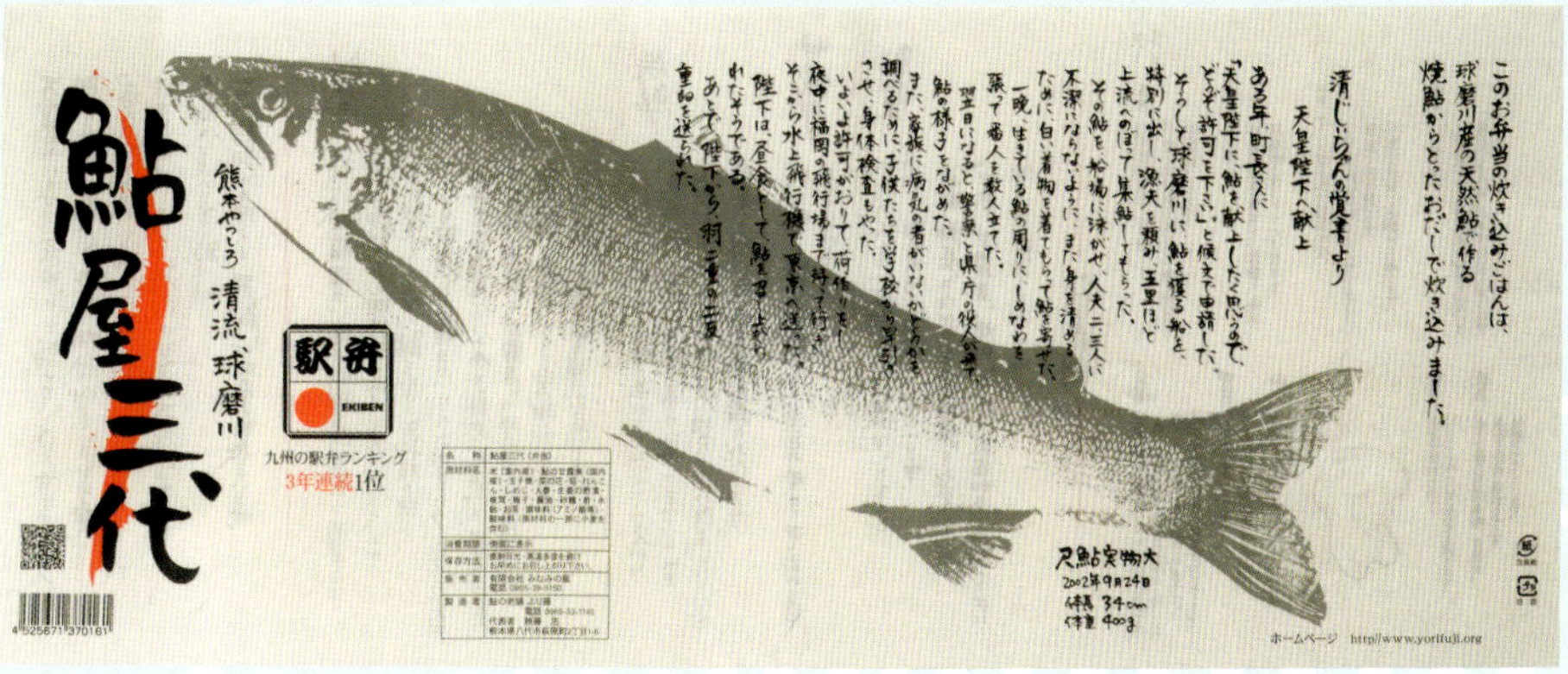

新八代《しんやつしろ》駅の「鮎屋三代《あゆやさんだい》」は、弁当《べんとう》のあゆと同じ川でつれる「尺《しゃく》あゆ（30センチ以上のあゆ）」の実物大の魚《ぎょ》たくが。おどろきの大きさを実感しよう！

●参考資料／参考文献

『汽車辨文化史』信濃路

『全国五つ星の駅弁・空弁』東京書籍

『全国美味駅弁 決定版』JTBパブリッシング

『知識ゼロからの駅弁入門』幻冬舎

駅弁のホームページ（日本鉄道構内営業中央会HP）

ほか、各都道府県のHPを参考にさせていただきました。

●取材協力（P10～15「駅弁のきほん」ほか）

（一社）日本鉄道構内営業中央会　事務局長　沼本忠次

●取材協力（駅弁調製元）

北海道／いかめし阿部商店、かにめし本舗かなや、厚岸駅前氏家待合所、母恋めし本舗、弁菜亭　青森県／ウェルネス伯養軒 青森支店、吉田屋、七戸物産協会　岩手県／魚元、斎藤松月堂、あべちう　秋田県／花善、関根屋　宮城県／こばやし　山形県／新杵屋　福島県／福豆屋、ウェルネス伯養軒 郡山支店　栃木県／日光鱒鮨本舗　茨城県／お弁当の万年屋　群馬県／荻野屋（峠の釜めし本舗 おぎのや）、高崎弁当　埼玉県／まるなか、ひびき　東京都／日本レストランエンタプライズ、ジェイアール東海パッセンジャーズ　千葉県／万葉軒、大野荘　神奈川県／大船軒、東華軒、崎陽軒　山梨県／丸政　長野県／イイダヤ軒　富山県／源　新潟県／新発田三新軒、三新軒、ホテルハイマート　石川県／松乃鮨、大友楼　福井県／塩荘　静岡県／東海軒、桃中軒、伊豆急物産　愛知県／壺屋弁当部、名古屋だるま　岐阜県／金亀館　滋賀県／井筒屋、南洋軒　三重県／あら竹商店　京都府／京都萩乃家　奈良県／柳屋　大阪府／水了軒　和歌山県／和歌山水了軒　兵庫県／淡路屋、福廼家　岡山県／三好野本店　鳥取県／アベ鳥取堂、米吾　島根県／一文字家　広島県／あなごめし うえの、広島駅弁当（山口県「ふく寿司も調製」）　香川県／ステーションクリエイト東四国　愛媛県／鈴木弁当店、二葉　高知県／安藤商店　福岡県／東筑軒　大分県／寿し由　佐賀県／中央軒、萬坊　長崎県／鯨専門店くらさき　熊本県／みなみの風、人吉駅弁やまぐち　宮崎県／宮崎駅弁当　鹿児島県／松栄軒、ぶるぺん　沖縄県／那覇市沿岸漁協壺川さかな

駅弁の選定にあたっては各都道府県や観光協会などのご意見を参考に、長い歴史を持っている・特産物を使っている・伝統食を使っているなど地域とのかかわりが深い駅弁を掲載させていただきました。

都道府県の特産品　駅弁編

都道府県の特産品編集室

本文執筆　嶺月香里

撮影　末松正義

デザイン　パパスファクトリー

校正　宮澤紀子

発行者　鈴木博喜

編集　大嶋奈穂

発行所　株式会社　理論社

〒101-0062　東京都千代田区神田駿河台2-5

電話　営業　03-6264-8890

編集　03-6264-8891

URL　https://www.rironsha.com

印刷・製本　図書印刷

ISBN978-4-652-20189-3　NDC383

A4変型判　27cm　63p

2017年1月初版

2024年2月第3刷発行